A 1ST YEAR LATIN READER

CORNELIA
BY MIMA MAXEY

REVISED AND EDITED BY
JARED MEYER

ILLUSTRATIONS BY
EDMUND GIESBERT

ENCHIRIDION
PRESS

ENCHIRIDION PRESS
www.enchiridionpress.com

First published in 1933 by
The University of Chicago Press

This edition published in 2018 by
Enchiridion Press

Cover design © 2018 by Enchiridion Press

ISBN-10: 1-946943-00-2
ISBN-13: 978-1-946943-00-2

All rights reserved

Printed in the United States of America

AUTHOR'S FOREWORD

The credo upon which this book is constructed runs somewhat as follows:

Things exist written in the Latin language that are worth reading today. Latin should be so taught as to develop power to read those things in Latin.

One learns to read by reading.

Material for reading in the early stages should be easy and repetitious, and should introduce new vocabulary in self-evident situations.

The acquisition of the language itself is a sufficiently large task for the beginner. He should not be called upon to deal with situations outside his own experience or to acquire knowledge through the new medium; neither should his problem be complicated by the necessity of learning a formidable grammatical nomenclature or a science of grammar that the Romans themselves managed to do without until its introduction by Dionysius Thrax, who was born 166 B.C.

Omission of formal grammar need not result in inaccurate or incorrect Latin. A tendency to inexactness can be corrected by much oral reading of Latin and by writing in Latin.

This translation of this credo into a beginner's book is characterized by certain definite features:

Vocabulary—Vocabulary has been chosen on the principle that words most frequently used in Latin literature should appear early and should be repeated often. Lodge's *Vocabulary of High School Latin* (Columbia University: Teachers College, 1912) has been used to determine frequency. Words have been divided into seven classes:

Class I.—Words appearing 1,000 times or more in the passages usually read in high schools. These words are all introduced early and repeated frequently.

Class II.—Words occurring 500-999 times. These words appear early and often.

Class III.—Words occurring 100-499 times. In this group $n\bar{e}$ is omitted because the subjunctive does not appear in these chapters.

Class IV.—Words occurring 50-99 times. This group is largely used.

Class V.—Words occurring 25-49 times. 106 words from this list appear.

Class VI.—Words occurring 5-24 times. 173 of these words are used.

Class VII.—Words not on Lodge's list of 2,000 words. 73 of these are used, largely in the first lessons to get familiar situations.

A total of 554 words is used in the forty chapters. After the first lessons, each word is introduced in a setting that makes possible its interpretation by reading alone. Every word is repeated in three successive chapters and frequently in later chapters.

That the expression "interpretation by reading alone" may not be misunderstood, by way of illustration the following advertisement in English is added, with blanks in place of words that have been omitted: "Go to York for example. See it in the afternoon of an English summer with the _____ glow of the _____ sun tinting the Minster towers with unimagined _____. Walk through the quaint old _____ and along the encircling _____." Anyone who can read English at that level can supply the first four blanks without even pausing. Anyone who can read English and knows York can supply the last. An unfamiliar word can be interpreted as easily as the blank.

For the convenience of the teacher, the basic vocabulary of each chapter is appended at the end of the book and is divided into the classes mentioned above.

Omissions.—The omission of paradigms and other grammatical material is intentional. Form and usage are learned from repetitious reading, dictation, and imitation.

The omission of rules of pronunciation is intentional. Pronunciation is learned by imitation and practice.

The omission of classical flavor is intentional. This may be supplied by reading such a book as *Julia* by Reed (Macmillan

& Co.) as supplementary material after the pupil is reading with some ease, perhaps after Chapter X. The exact point depends on the class.

Procedure.—This material, which is thoroughly tried material, is used by the author for second or third readings, following the lessons of *A New Latin Primer*, lessons of the same sort covering the same ground. It was developed for initial reading, however, and may very well be used for the first reading with no preceding approach. Also, it can be used easily with Scott-Horn, *First Latin Lessons* (Scott, Foresman & Co.), the original text of which also was developed in the University High School.

In conclusion, the author wishes to express her gratitude to all who have assisted in making this volume possible, especially to Professor H. W. Prescott, chairman of the Department of Latin, the University of Chicago; to Professor H. J. Barton, professor emeritus of Latin, the University of Illinois; and to Miss Katherine Carver, of the Illinois State Normal University, who read the manuscript in its inchoate form and offered helpful suggestions; to all those in administrative positions in and over the University High School, who have made possible the experimentation on material; to my colleague, Miss Marjorie J. Fay, who has repeatedly tried out in her classes this material; to the University of Chicago Press and to Professor G. J. Laing, editor of the Press, whose assistance and encouragement have been most generous.

AUTHOR'S FOREWORD TO PUPILS

Salvēte, discipulī. This is the story of a little American girl named Cornelia. Her life was different from yours, but not very different. You will readily understand the things that she did. I hope that you will like her and that you will enjoy the adventure of finding out about her in a language that is not your own. *Valēte, discipulī.*

TABLE OF CONTENTS

CORNĒLIA	1
QUESTIONS ON EACH CHAPTER	50
LATIN VOCABULARY ACCORDING TO FREQUENCY	58
LATIN-ENGLISH VOCABULARY	70

I
Haec est Cornēlia

Haec puella est Cornēlia. Cornēlia nōn est alta. Cornēlia nōn est magna. Cornēlia est puella parva. Haec puella est puella pulchra et bona quoque. Cornēlia nōn est puer; est puella parva. Cornēlia nōn est magistra. Cornēlia est discipula. Haec puella nōn est discipulus; est discipula.

Haec est magistra. Haec nōn est magister. Haec est fēmina et magistra. Haec nōn est discipula, nōn est discipulus. Haec est magistra. Cornēlia est discipula.

"Salvē, magistra."
"Salvē, Cornēlia. Cornēlia est puella bona."
"Magistra quoque est bona. Valē, magistra."
"Valē, Cornēlia."

II
Familia Cornēliae

Haec fēmina est māter Cornēliae. Māter Cornēliae nōn est puella parva; est fēmina magna. Haec fēmina nōn est mea māter; nōn est tua māter; est māter Cornēliae. Māter Cornēliae nōn est magistra. Māter Cornēliae est bona māter. Māter Cornēliam amat. Cornēlia mātrem amat.

Estne hīc māter Cornēliae? Ita. Hīc māter Cornēliae est et hīc est Cornēlia quoque. Puella pulchra est Cornēlia.

Estne haec alta puella soror Cornēliae? Minimē. Haec puella est discipula. Haec puella nōn est soror Cornēliae sed hic puer est frāter Cornēliae.

Hic puer est Dāvus. Dāvus est fīlius fēminae. Cornēlia est fīlia fēminae. Dāvus est discipulus. Cornēlia est discipula. Māter fīliam et fīlium amat. Estne hīc frāter Cornēliae? Ita. Nunc hīc est frāter Cornēliae.

III
Patria Cornēliae

America est patria Cornēliae. America est mea quoque patria. Estne America patria tua? Amatne Cornēlia Americam? Ita. Cornēlia Americam amat. Māter Cornēliae Americam amat. Frāter quoque Cornēliae Americam amat sed magistra Cornēliae Americam nōn amat. Nunc fīlia et fīlius et soror fēminae nōn hīc sunt. Haec femina Americam nōn amat. Britanniam amat.

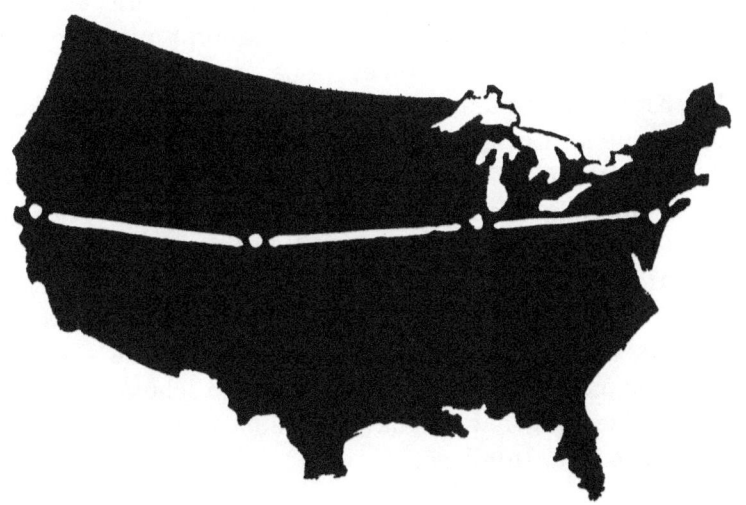

America nōn est terra parva. Haec terra est terra magna. Nōn est īnsula. Fortūna Americae est bona. Fāma Americae est magna. Viae Americae sunt longae. Viae Americae nōn sunt antīquae sed sunt novae. Cornēlia Americam et fortūnam Americae et fāmam Americae amat. Americam amō. Amāsne patriam tuam?

Valēte, puerī et puellae, discipulī et discipulae.

IV
Pater Labōrat

Pater Cornēliae est agricola. Agricola in Americā habitat; nōn in īnsulā Brittaniā habitat. America est patria agricolae. Agricola in agrō labōrat. Labōratne Cornēlia in agrō? Minime. Cornēlia est puella parva. Fīlia agricolae in agrō nōn labōrat. Pater fīliam parvam amat. Cornēlia patrem amat. Cornelia quoque fratrem, Davum, et matrem amat. Sorōrem Cornēliā nōn habet. Nunc frāter Cornēliae nōn hīc est. Cūr hīc nōn est? Haec est causa: quod agricola in agrō labōrat et fīlius agricolae in agrō labōrat. Fīlius in agrō labōrat quod terra est nova et fortūna agricolae nōn est bona.

Ubi est Cornēlia nunc? Nunc Cornēlia est in viā longā. Quid habet Cornēlia? Cornēlia epistulam habet. Cūr est Cornēlia in viā? Pater Cornēliae, agricola, epistulam cupit. Epistula nōn est mea epistula; nōn est tua epistula; est epistula agricolae. Nunc Cornēlia est in agrō. Agricola est laetus. Quis nunc epistulam habet? Agricola epistulam habet.

Nunc Cornēlia nōn est in casā. Quis est in casā? Māter Cornēliae est in casā. Māter cēnam parat. Nunc Cornēlia cēnam nōn parat quod puella parva est et in scholā est. Estne fāma scholae Cornēliae magna? Ita. Fāma scholae est magna. Intellegisne? Ita. Intellegō.

V
Agricola et Nauta

Nunc agricola est in casā et epistulam scrībit. Māter cēnam parat. Cornēlia et frāter aquam portant. Cūr agricola epistulam scrībit? Haec est causa: hīc frāter agricolae nōn est. Frāter est nauta et hīc nōn habitat. Vīta nautae est perīculōsa. Nauta multās terrās videt sed amīcī nautae nōn saepe nautam vident. Saepe nauta terram nōn videt sed multam aquam videt.

Agricola frātrem nōn saepe videt quod frāter nōn in Americā habitat. America nōn est patria nautae. Nauta nōn est incola Americae. Ubi habitat hic vir? In īnsulā habitat. Est incola Britanniae. Nauta Britannicus est. (Britannia est īnsula. In Britanniā viae nōn sunt longae. Multae viae sunt antīquae sed multae sunt novae.)

Nunc agricola epistulam scrībit quod frater, nauta, epistulam cupit. Agricola quoque epistulas cupit, sed frater nōn semper epistulās scrībit. Interdum nauta scrībit et agricola est laetus quod frater epistulam scrībit. Nautam laudat.

Pater Cornēliae est bonus agricola. Agricola labōrat multum sed magnam pecūniam nōn habet. Agricolae et nautae multam pecūniam nōn habent. Fortūna nautae nōn est magna sed fāma est magna. Quī quoque fāmam magnam habent? Poētae quoque habent fāmam magnam. Estne fāma agricolae magna? Fāma agricolae nōn est magna et fortūna quoque nōn est magna. Intellegisne?

VI
Pecūnia Nova

Cornēlia, bona fīlia agricolae, cēnam parat. Cornēlia est puella parva et agricola est laetus quod Cornēlia cēnam parat. Pater Cornēliam amat et Cornēliae pecūniam dat. Pater Cornēliae nōn mihi pecūniam dat; nōn tibi pecūniam dat; sed Cornēliae pecūniam dat. Pecūnia est dōnum. Agricola puellae dōnum dat quod puellam amat. Pater cēnam laudat et dōnum dat. Cornēlia est laeta quod pater pecūniam dat. Pater Cornēliae pecūniam nōn semper dat quod pecūniam nōn semper habet. Interdum ubi pecūniam habet, pecūniam dat. Nunc pater pecūniam habet et Cornēliae pecūniam dat. Cornēlia patrī grātiās agit.

Cornēlia nunc in viā ambulat. Videt pecūniam in viā! Pecūnia nōn est pecūnia Americāna; est pecūnia nova. (Saepe nautae pecūniam novam habent quod multās terrās vident.) Cornelia agricolae pecūniam novam ostendit. Agricola Cornēliae pictūrās mōnstrat et fābulam dē pecūniā nārrat. Cornēlia pecūniam spectat et legit. Nunc Cornēlia intellegit.

Quid portat Cornēlia? Cornēlia pecūniam portat. Cūr? Cornēlia discipulīs pecūniam novam ostendere cupit. Multī discipulī laetī pecūniam vident. Nunc ex scholā pecūniam Cornēlia portat.

VII
Casa Cornēliae

Agricola in casā Americānā habitat. Casa agricolae nōn est magna; est parva. Casa iānuās et fenestrās habet. Iānuae casae nunc sunt clausae sed fenestrae sunt apertae. Interdum fenestrae quoque sunt clausae. Casa est cāra agricolae et cāra fīliae agricolae. Casa est pulchra. Ibi sunt rosae et silva. Hae rosae sunt pulchrae quod Cornēlia saepe labōrat et rosās cūrat. Cornēlia rosās cūrat quod rosās amat. Silvae sunt magnae et pulchrae. Haec silva est grāta agricolae.

Nunc Cornēlia nōn est in casā; aquam portat et rosās cūrat. Agricola quoque nōn est in casā; est in viā. Agricola ex agrō ambulat. Cum agricolā in viā ambulat nauta. (Nauta est amīcus agricolae sed nōn in Americā habitat.) Agricola et nauta in viā ambulant. Nunc Cornēliam vident et sunt laetī. Cāra agricolae est fīlia parva. Agricola est bonus pater et fīliae benignus est.

Māter Cornēliae in casā est. Ibi cēnam parat. Grāta virīs est cēna. Virī cēnam laudant. Nunc Cornēlia agricolae et nautae cēnam dat. Nauta Cornēliae grātiās agit. Nauta fābulās nārrat. Nauta dē vītā perīculōsā nārrat. Nauta multās pictūrās ostendit. Nōn mihi, nōn tibi, sed amīcīs pictūrās mōnstrat. Laetī amīcī pictūrās spectant.

Nunc agricola et nauta in silvā ambulant. Silva est pulchra et silvam amant. Cornēlia et māter in casā labōrant. Nunc Cornēlia et māter quoque rosās cūrant.

VIII
Cornēlia in Scholā

Nunc Cornēlia, fīlia agricolae, nōn est in casā; rosās nōn cūrat; in silvā nōn ambulat; est in scholā. Iānua scholae est aperta et Cornēliam vidēmus. Cum Cornēliā in scholā discipulī sunt. Magistra nōn est in scholā. Cornēlia magistram exspectat. Ibi est magistra! Magistra ad scholam properat. Cornēlia est laeta ubi magistram videt quod magistra est benigna et Cornēlia magistram amat. Cornēlia ad iānuam properat. Cornēlia magistrae rosās dat. Rosae sunt dōnum. Magistra Cornēliae grātiās agit. Magistra discipulīs rosās mōnstrat. Nunc magistra est in scholā et iānua est clausa. Fenestrae sunt apertae. In scholā linguam Latīnam Cornēlia discit. Lingua Latīna nōn est lingua nostra. Lingua nostra est lingua Anglica. In nostrīs quoque scholīs linguam Latīnam discimus. Nōs quoque pictūrās spectāmus, et fābulās legimus. Magistrī nōbīs pictūrās ostendunt et dē Ītaliā fābulās nārrant. Cornēlia labōrat et multa discit. Semper puerī et puellae multa discunt ubi labōrant. Nunc ex scholā Cornēlia properat et patrem, agricolam, videt.

Cornēlia est laeta in scholā et in casā quod scholam et casam amat. Pater Cornēliae Cornēliam exspectat et laetus est ubi Cornēliam videt. Schola est bona et grāta agricolae. Estne schola tua grāta tibi? Fāma scholae Cornēliae est magna. Clāra est schola. Agricola scholam laudat. Agricola est amīcus scholae. Schola est cāra Cornēliae quoque.

IX
Cornēlia Aegra est

Nunc Cornēlia nōn est in scholā. Nōn est in viā. Nōn est in silvā. Est in casā. Ibi cēnam nōn parat. Puella nōn labōrat. Rosās nōn cūrat. Fābulās nōn legit. Linguam Latīnam nōn discit. Cur? Cornēlia est aegra. Nunc medicum exspectat. Pater Cornēliae in agrō nōn labōrat. Pater cum medicō ambulat. Pater est miser quod Cornēlia est aegra. Cāra agricolae est Cornēlia. Cornēlia nōn est laeta. Haec quoque est misera. Amīcōs nōn videt sed patrem interdum videt.
Nunc nox est. Noctū puella est sōla. Fenestra nōn est clausa; est aperta et puella lūnam videt. Lūna est parva, sed clāra et pulchra. Interdum Cornēlia lūnam spectāre cupit sed nunc est misera. Nunc lūna obscūra, nōn clāra, est, et Cornēlia stellās, nōn lūnam, videt.
Saepe stellae et lūna sunt grātae Cornēliae sed nunc puella est misera quod est aegra. Nox est tarda; nox nōn properat, et Cornēlia est sōla. Nunc pater, vir benignus, ad iānuam ambulat; nunc ad Cornēliam properat. Puella patrem nōn videt quod nox est obscūra sed nunc nōn est sōla et laeta est.

X
Medicus Benignus

Nunc Cornēlia nōn est aegra! Hodiē nōn est aegra sed herī erat aegra. Nocte quoque erat aegra. Nunc vir benignus cum Cornēliā est. Quis est hic vir? Medicus est hic vir. Medicus est magnus et benignus. Medicus est amīcus agricolae et est benignus Cornēliae. Medicus medicīnam dat.

Cum puerī et puellae sunt aegrī, medicus puerīs et puellīs medicīnam dat. Multī puerī et puellae medicīnam nōn amant et ad medicum nōn properant. Cornēlia medicum exspectat et laeta medicum videt. Cornēlia medicīnam nōn amat sed medicus est amīcus et Cornēliae medicīnam dat. Nunc puella nōn est misera.

Hodiē Cornēlia nōn est in scholā et linguam Latīnam nōn discit, sed in casā labōrat quod puella impigra est et labōrāre cupit. Rosās nōn cūrat sed in casā labōrat. Pater et māter sunt laetī quod Cornēlia nōn est aegra. Sed herī pater et māter erant miserī.

Ubi nunc est Cornēlia? Nunc est vesper et Cornēlia ex casā ambulat et sōla stat et lūnam et stēllās spectat. Nunc lūna nōn est obscūra; est clāra. Nunc Cornēlia lūnam et stēllās spectat. Nunc Cornēlia nōn est sōla. Cum Cornēliā stat frater, Dāvus. Frāter rosam ex agrō portat et Cornēliae dat quod sorōrem parvam amat et laetus est quod nunc nōn est aegra.

XI
Cornēlia Valida est

Herī erat Cornēlia aegra. Hodiē Cornēlia nōn est aegra sed in casā manet. Saltat et laeta est! In casā labōrat quod est impigra puella. Māter quoque est laeta.

Nunc Cornēlia cum mātre stat et medicum videt. Laeta est Cornēlia cum medicum videt. Medicus nōn est tardus. Nunc medicus est in casā et puellam vidēre cupit. Quid habet medicus? Medicus medicīnam habet. Cornēlia nōn est aegra sed nōn est valida et medicus Cornēliae medicīnam dare cupit. Cornēlia medicīnam nōn cupit quod nōn est aegra sed medicus Cornēliae medicīnam dat et Cornēliae praemium dat. Praemium est pecūnia sed nōn magna pecūnia. Diū medicus manet quod Cornēliae amīcus est. Māter et pater quoque sunt amīcī medicī.

Agricola nōn est in casā. In oppidō est. Ibi multa videt. Multa ad casam portat. Cornēlia patrem exspectat. Diū exspectat. Nunc pater est in casā. Cēnam cupit. Medicus cum Cornēliā et mātre et patre manet.

Medicus hoc dīcit: "Aestāte in oppidō nōn maneō. In silvā sum. Ibi in tēctō nōn habitō, in casā nōn habitō; in tabernāculō habitō. Tabernāculum est in silvā. Silva est pulchra. Quod silva est magna, noctū lūna et stellae obscūrae sunt. Silvae mihi grātae sunt. Tabernāculum mihi grātum est. Saepe ibi sōlus sum. Laetus sum cum in oppidō nōn sum. Aestāte laetus sum in tabernāculō in silvā."

Pater Cornēliae respondet: "Aestāte labōrō, sed labōrāre cupiō et ego quoque laetus sum." Diū medicus manet, sed vesperī "Valēte" dīcit.

XII
Bonī Discipulī

Herī Cornēlia nōn erat in scholā. Hodiē Cornēlia nōn est in scholā. Hodiē domī manet. Nōn est aegra. Medicus est in tēctō magnō in oppidō et Cornēliae medicīnam nōn dat, sed Cornēlia nōn est valida. Hodiē nōn est laeta; est maesta. Nōn saltat. Ad scholam īre cupit et misera est quod nōn est in scholā. Diū lacrimat. Nōn est mala puella sed est misera. Māter quoque est maesta quod Cornēlia est misera. Māter puellam ad sē vocat et hoc dīcit: "Properā, Cornēlia. Hīc est pictūra nova." Cornēlia nōn est laeta sed ad mātrem properat. Māter Cornēliae novam et pulchram pictūram ostendit. Diū Cornēlia pictūram spectat. Mox Cornēlia nōn lacrimat et est laeta. Laeta labōrat et Cornēlia et māter cēnam parant. Cum puella est impigra et labōrat, nōn misera est.

In scholā magistra hoc dīcit: "Misera sum quod Cornēlia est aegra." Discipulī respondent: "Nōs quoque miserī sumus. Cornēlia rosās amat." Nōn est aestās sed sunt rosae in agrīs. Puerī et puellae in agrīs ambulant et mox multās rosās ad scholam portant. Magistra discipulīs hoc dīcit: "Bonī puerī et puellae estis quod Cornēliae rosās datis."

Post ūnam hōram ex scholā properant. Ad casam Cornēliae eunt et sēcum rosās portant. Cum Cornēlia puerōs et puellās et rosās videt, laeta est.

Māter quoque est laeta et discipulīs hoc dīcit: "Laetae sumus quod Cornēliae rosās datis. Grātiās agō."

Cornēliae māter hoc dīcit: "Hae rosae praemium sunt quod puella bona es." Nunc Cornēlia saltat et laeta est. Vesperī cum mātre stat et discipulīs "Valēte" dīcit.

XIII
Dāvus

Dāvus, fīlius agricolae, est puer magnus et validus, quī in agrīs labōrat. Aestāte semper labōrat. Cum aestās it, et agricolae quiētem capiunt, tum fīlius ad oppidum magnum it et amīcōs videt. Ubi fīlius ad oppidum it, agricola nōn est maestus; laetus est quod puer est bonus et nōn est malus et

hoc est praemium. Māter et Cornēlia lacrimant cum "Valē" dīcunt, sed sunt laetae quoque. Ubi puer nōn audit, Cornēlia "Valē" vocat.

Mox, post ūnam hōram, puer est in tēctō amīcī in oppidō. Tēctum amīcī, quod est magnum et album, est grātum puerō. Ibi dē mātre, dē patre, dē Cornēliā nārrat, et amīcī respondent et dē aestāte et dē tabernāculō ubi aestāte habitant nārrant. Multa colloquia habent et sunt laetī. Ibi puer saltat et multa videt et discit. Ibi laetus est. Nōn diū manet. Nunc est domī et hīc quoque laetus est.

Aestāte agricola in agrō labōrat sed hieme nōn in agrō labōrat. Domī manet et fīlius agricolae ibi cum agricolā labōrat. Agricola equōs habet. Equī in stabulō manent et in agrō nōn labōrant. Equī sunt pulchrī et validī. Agricola equōs amat et nōn timet. Interdum Cornēlia equōs cūrat. Equī Cornēliam nōn timent. Nūllōs equōs puella timet sed interdum puella parva est in perīculō. Tum pater timet et ad sē puellam vocat. Fīlius agricolae est puer validus. Agricola nōn timet cum puer equōs cūrat. Vesperī pater et Dāvus domī cum Cornēliā et mātre manent.

Nunc est vesper et tum agricola cēnam cupit. Tum pater et māter et fīlius et fīlia cēnam edunt. Fīlius agricolae equīs frūmentum dat. Nunc in casā puer et soror cum mātre et patre cēnam edunt.

Nōn multōs equōs, nōn ūnum equum sōlum, sed duōs equōs habet agricola. Quod hīs duōbus equīs multum frūmentum agricola dat, equī validī sunt et labōrant. Agricola frūmentum laetē dat. Interdum equī in hortō labōrant. Nōn multum equī, sed multum agricola et fīlius in hortō labōrant. Cornēlia quoque in hortō labōrat et rosās et līlia et aliōs flōrēs cūrat.

XIV
Pūblius

Agricola alium fīlium habet sed hic vir nōn est agricola. Domī nōn manet. Pūblius est mīles Americānus et in bellō pugnat. Hieme nūllum bellum est. Tum Pūblius in castrīs manet. Aestāte pugnat. Est bonus mīles quī nūllum perīculum timet. Pūblius bene pugnat. Bellum est bellum magnum. Diū mīles pugnat et nunc est dēfessus. Patrem et mātrem vidēre cupit. Est impiger sed est dēfessus. Nōn est mīles malus; est dēfessus. Diū exspectat, tum cōnsilium bonum capit. Hoc est cōnsilium. Ad Claudium, ducem, it. "Hic est gladius meus sōlus," inquit Pūblius. "Est gladius lātus sed nōn est novus, nōn est bonus. Haec est galea mea. Galea quoque nōn est nova, nōn est bona. Nōn bene caput tegit. In perīculō sum quod vīta mīlitis est perīculōsa. Domī novum gladium et novam galeam habeō. Ā castrīs domum īre, et gladium et galeam novam ad castra portāre cupiō. Arma bona habēre cupiō."

Dux audit. Mox respondet: "Ī et tēla bona ad castra portā." Cōnsilium est bonum et mīles domum it.

Mox ibi patrem et mātrem videt. Māter lacrimat cum Pūblium videt, sed nōn lacrimat quod est maesta. Cēnam edunt. Ad stabulum Pūblius it ubi duo equī stant. In stabulō equīs frūmentum dat. In hortō ambulat sed nunc nūllae rosae sunt ibi, quod est hiems et hieme in hortō nōn sunt rosae et līlia alba et aliī flōrēs.

Pūblius et pater nōn ūnum colloquium sed multa colloquia dē castrīs et bellō et duce habent. Multās hōrās cum patre Pūblius colloquia habet. Cornēliam ad sē vocat. Pictūram pīlī et scūtī mōnstrat. Domī est quiēs et mox mīles nōn est dēfessus. Tum gladium et galeam novam capit. Mox est in castrīs. Nunc ibi laetus est.

XV
Capere Animālia

Iānua est aperta. In hortō stat agricola benignus. Nōn est hiems et in hortō sunt līlia et aliī flōrēs. Ā dextrā stat Cornēlia. Dāvus cum duōbus equīs ambulat. Ā dextrā ambulat equus

albus; ā sinistrā equus niger ambulat. Dāvus est medius. Trēs ad stabulum eunt. Ibi Dāvus equīs frūmentum dat.

Alius fīlius agricolae, Pūblius, hīc nōn est. Est mīles clārus quī in bellō pugnat et in castrīs cum duce et aliīs mīlitibus habitat. Nōn est sagittārius et nūllās sagittās habet. Tēlum mīlitis nōn est pīlum, sed gladium sōlum portat. Nōn scūtum, sed galeam habet. Arma capit et bene pugnat. (Pīlum est longum; gladius est lātus. Scūtum mīlitem tegit; galea caput mīlitis tegit.)

Fāma fīlī est grāta agricolae. Agricola est laetus quod fīlius est clārus mīles. Agricola nōn est Rōmānus. Itaque linguā Anglicā colloquium cum fīliā habet.

"Frātris tuī," agricola inquit, "fīlia mea, magna est fāma et nōmen nōn est obscūrum. Clārus vir est. Sed vīta mīlitis est perīculōsa. Miser sum cum perīculum est magnum et sōlus sum. Sed nūllum perīculum semper manet, et laetus sum quod puer noster est pulcher et impiger et quod numquam aeger est. Laetus est meus fīlius quod est mīles et nōn semper sum miser.

"Interdum fīlius meus nōn pugnat sed in silvam it. Ad silvam gladium et pīlum nōn portat. Quid capit? Iaculum capit. Colloquia cum aliīs mīlitibus nōn habet. Semper audit et animālia nōn timent. Fīlius meus ex silvā animālia portat. Prīmum animal ducī dat. Secundum animal et tertium mīlitēs edunt. Cum quattuor animālia habent, magna est cēna mīlitum et mēnsam laetī vident. Cōnsilium bonum est in silvam īre et animālia capere. Cum ex silvā it, frāter tuus est dēfessus, sed post cēnam est laetus. Tum aliī mīlitēs quoque sunt laetī. Mox frāter tuus quiētem capit."

XVI
Equī Currunt

Hodiē Cornēlia et pater ad oppidum eunt. Duōs equōs et carrum habent. In carrō sunt multa quae ad oppidum portantur. Nōmen prīmī equī, quī ā dextrā stat, est "Pulcher." Secundus equus est "Dux." Dux ā sinistrā stat. Māne domō

eunt quod pater manē domum venīre cupit. Per viam eunt et post ūnam hōram prope oppidum sunt. Multa et magna aedificia in oppidō vident et Cornēlia est laeta quod multa videt.

Bene eunt equī sed nunc prope viam ante equōs est aliquid albī. Rēs est alba; nōn est nigra. Animal parvum est. Subitō trāns viam it! Nunc est prope capita equōrum. Equī timent et currunt. Pater nōn timet (quod pater numquam timet) sed Cornēlia timet et lacrimat. Mox trēs virī ex magnō aedificiō currunt. Nunc equī stant. Equī timent sed nōn currunt.

CORNĒLIA

Benignī virī Cornēliam et patrem ad aedificium invītant sed Cornēlia nunc nōn timet et fortiter cum patre manet. "Benignī estis omnēs," inquit pater. "Laetus sum quod in hōc locō sumus. Tūtī sumus cum benignī virī sunt prope. Omnēs sunt tūtī quī bonōs amīcōs habent. Nunc vōs amīcī estis. Hī equī meī numquam currunt, sed equī rēs albās timent. Nunc ad oppidum ībimus. Grātiās agō quod ad nōs venītis et ad aedificium invītātis. Nōbīs bene facitis."

In carrō nunc est agricola et ad oppidum it. Cornēlia nunc nōn timet. Laeta est et novum cōnsilium capit. "Sagittārius sum," inquit. "In manū dextrā est sagitta. In manū sinistrā est arcus. Iaculum quoque habeō. Iaculum est tertium tēlum. Mīles Rōmānus nōn sum et in bellō nōn pugnō. In castrīs nōn habitō. Gladium lātum et pilum longum nōn habeō. In silvam eō et animālia domum portō. Cum animal in mēnsā est, nōn trāns viam currit et equī nōn timent!"

XVII
Aliquis Venit

"Audī! Aliquid audiō. Quid est hoc?"
Virī currunt. Subitō aliquis ad iānuam venit. Pater, quī est fortis vir, ad iānuam it. Ante casam stat mīles quī ex bellō vēnit. Arcum et sagittās nōn habet; in manū duo pīla nōn portat. Pater mīlitem in casam venīre nōn invītat, sed mīles venit.

"Eram mīles bonus," inquit mīles. "Perīculum nōn timeō, fortiter pugnō. Sed dēfessus sum. Domum īre cupiō. Dux nōn est benignus quod perīculum est magnum, nūllum auxilium habet, nūllōs sociōs habet, satis magnās cōpiās nōn habet. Domum eō. Īre nōn dēbeō. Hoc intellegō. Sed dēfessus sum. Crās sum parātus morī, sī necesse est. Dux mē monet. 'Sī tū ībis,' inquit dux, 'aliī mīlitēs quoque ībunt.' Audīte! Virī currunt. Mē capere cupiunt."

Ad dextram, ad sinistram, omnia loca spectat. "Ubi est locus tūtus?" rogat. Tum ex casā post hortum per agrōs properat.

"Hic mīles nōn est bonus," inquit pater Cornēliae. "Cum dux monet, nōn audit. Īre nōn dēbet. Sī dux sociōs nōn habet, auxilium omnium mīlitum habēre dēbet. Hunc mīlitem nōn amō. Miser sum quod est prope casam."

Māne posterō diē pater fīnitimum videt. (Fīnitimus est vir quī prope habitat.) Pater dē mīlite nārrat. "Ita," inquit fīnitimus. "Quattuor mīlitēs hunc mīlitem habent. Ad aedificium magnum mīlitem portant. Mīlitem miserum! Numquam iterum pugnābit. Nōn audit sī dux monet et nōn est bonus."

Ubi pater trāns viam venit, prīmum cum equīs et carrō ad stabulum properat, tum Cornēliae et mātrī dē omnibus rēbus nārrat.

XVIII
Mīles Miser

Cornēlia māne per agrōs it. Mox erit in scholā. Ecce! Ibi est discipula quae est fīlia fīnitimī et amīca Cornēliae. Hanc puellam Cornēlia saepe vīsitat. Cornēlia properat quod amīcae dē mīlite nārrāre cupit.

"Herī," inquit Cornēlia, "vesperī, nōs omnēs in casā aderāmus. Mox aliquid audiēbātur et pater ad iānuam it. Ecce! Ibi ante casam erat mīles. In manū tēla habēbat sed erat sine armīs. Mīles ā castrīs et ā cōpiīs currēbat. In castrīs manēre dēbēbat sed erat timidus neque parātus erat morī prō patriā sī necesse erat. Pater meus illum mīlitem nōn accipiēbat, nōn in casam venīre invītābat.

"Mox aliī mīlitēs veniēbant et mīles iterum currēbat. Posteā hī mīlitēs illum mīlitem capiunt. Fīnitimus quī trāns viam habitat illum māne hodiē vidēbat.

"Quam maestus erat! Stābat sine armīs et tēlīs. Miserum mīlitem! Numquam iterum vulnerābitur, numquam necābitur, numquam erit caecus, semper oculōs habēbit, neque crās neque posterō diē pugnābit, sed neque cōpiīs nostrīs auxilium dabit, neque ā duce monēbitur neque ā sociīs laudābitur. Paene hostis est. Misera sum cum dē illō mīlite putō."

"Ego quoque," inquit amīca Cornēliae, "misera sum."

"Cūr nōn sunt omnēs fortēs?" rogat Cornēlia.

Duae parvae puellae ad magistram eunt et fābulam nārrant. "Ille mīles nōn est satis fortis!" inquit magistra. "Sī vir nōn est fortis, nōn est bonus mīles."

XIX
Vir Caecus

Māne hodiē Cornēlia ad scholam ībat. Agrī erant pulchrī et per agrōs laetē ībat. Per agrōs fluēbat flūmen parvum. Prope flūmen erant flōrēs pulchrī. Diū inter flōrēs prope flūmen Cornēlia manēbat quod diēs erat pulcher et puella erat laeta.

Ecce! Subitō cum puella nōn longē ā flūmine abest, aliquis vidētur. Hic vir est paene caecus et miser et malus. Quam timida est Cornēlia! Vir ācriter clāmat. Pecūniam postulat. Puella nōn respondet quod multum timet. Ad mūrum quī

CORNĒLIA

est circum agrōs currit. Vir puellam stāre iubet, sed Cornēlia nōn stat. Vir quoque currit. Cum nōn longē abest, iterum pecūniam postulat quod pecūniam multum dēsīderat. Cornēlia pecūniam ad virum iacit sed nōn magnam pecūniam habet. Vir est īrātus quod magnam pecūniam dēsīderat, sed nōn magnam pecūniam accipit. Puella iterum currit et nunc ācriter clāmat quod est prope scholam et sociōs. Vir pecūniam in flūmen iacit, et flōrēs frūmentumque agricolae vāstat. Tum properat longē ab illō locō. Ubi puerī puellaeque ad mūrum veniunt, vir nōn vidētur, neque posteā prope illum locum vidētur.

Magistra est misera quod Cornēlia multum timet. "Propter pecūniam," inquit magistra, "multī virī multa mala faciunt. Ille vir hīc nōn manēbit. Numquam iterum sē ostendet. Nōn es timida. Es fortis puella. Nūllam rem timē!" Cornēlia laeta est quod amīcī adsunt. Nunc dē rē putat. "Vir paene caecus est hostis malus," putat. "Ego sum mīles et prō patriā pugnō. Hostis patriam occupāre cupit. Sī nōn timida erō, mox hostis vulnerābitur et necābitur. Quod vir est sine oculīs et quod ego bonōs sociōs habeō, hostem nōn timeō. Tūta erō et tūta erit patria nostra."

XX
Avunculus Cornēliae

Māter Cornēliae cēnam parat. Cornēlia mātrem iuvat. Interdum Cornēlia omnem cēnam parāre cupit. Ōlim, ubi māter āfuit, Cornēlia paene omnem cēnam parāvit. Avunculus Cornēliae ad casam veniēbat. Māter ad oppidum īvit quod frātrem vidēre multum cupīvit. Cornēlia saltāvit et clāmāvit

quod cēnam parāre et avunculum vidēre cupīvit. Avunculus Cornēliae erat dux mīlitum et diū longē aberat. Mox māter et avunculus ad casam vēnērunt. Ubi ad casam avunculus vēnit, Cornēliam patremque laetē salūtāvit.

"Quamquam bellum amō," inquit, "tamen laetus sum cum amīcōs videō. Cum longē domō absum, interdum inter amīcōs meōs esse cupiō. Amīcōs dēsīderō. Inimīcōs habeō nūllōs. Cum hostibus laetē pugnō. Hostēs semper superō, quod oppida eōrum ācriter oppugnāre et agrōs eōrum vāstāre audeō. Īrātī sunt hostēs et saepe propter suōs agrōs vāstātōs lacrimant, sed mīlitēs oppugnāre et vāstāre iubeō. Numquam auxilium postulō, quamquam hostēs sunt validī et bene armātī. Eī quī auxilium rogant nōn validī videntur neque eōs hostēs timent. Fortiter pugnāre audeō, itaque multōs populōs superāvī et multa oppida occupāvī. Timidus nōn sum. Fortem mīlitem pugnāre putō."

Mox avunculus Cornēliae ex casā īvit et circumspectāvit. Undique erant agrī pulchrī. Per agrōs fluēbat flūmen parvum et circum agrōs erat mūrus. Ecce! In stabulō erant equī. In hortō flōrēs erant pulchrī quod Cornēlia bene eōs cūrāvit. Avunculus omnēs hās rēs probāvit et Cornēliam patremque laudāvit quod bene labōrāvērunt. Posteā bonam cēnam quoque sorōris laudāvit.

"Ita," respondit māter Cornēliae, "bona erat cēna sed Cornēlia hanc cēnam parāvit quod ego in oppidum īvī." Tum avunculus multum Cornēliam laudāvit et in manūs pecūniam novam iēcit, quod Cornēlia erat impigra puella quamquam erat parva.

XXI
Pugnāre cum Barbarīs

Māne posterō diē Cornēlia et avunculus per agrōs ambulābant. Avunculus rūra semper amābat et laetus erat quod nunc cum Cornēliā ea iterum vīsitābat. Cornēlia multa dē agrīs et dē amīcīs nārrāvit; mox avunculum fābulam rogāvit.

"Tibi nārrābō," inquit avunculus, "dē barbarīs quibuscum ōlim pugnāvī. Omnēs barbarōs nōn ita esse sciō, sed hanc fābulam nārrābō quod hī barbarī erant fortēs et multum audēbant et multa sciēbant. Oppida nōn habēbant sed tabernācula bona habēbant quae celeriter movēbant sī necesse erat. Celeriter sē movēbant, celeriter oppugnābant, celeriter oppida expugnābant dēlēbantque. Tum virōs in vincula iaciēbant et interdum posteā vulnerābant et ita eōs necābant. Cum multīs populīs pugnābant et eōs superābant. Nūllus vir quiētem capiēbat, nūllus vir dormiēbat sī hī barbarī erant prope, nam multum eōs timēbat. Omnēs fīnitimōs suōs iuvāre erant parātī et nūllī erant inimīcī.

"Ōlim audīvī hōs barbarōs parātōs esse pugnāre. Ad eōs īre audēbam et cum magnīs cōpiīs īvī. Mīlitēs meī fortēs erant. Celeriter circumspectāvērunt. Undique oppugnāvērunt. Itaque mox superāvērunt. Multōs servāvērunt quī, quamquam fortēs vidēbantur, tamen multum timēbant. Mīlitēs meī sunt bene armātī et mīlitēs meōs probō. Semper mīlitēs mē salūtant et ego eōs salūtō. Crās pictūrās bellī tibi ostendam. Pictūrae sunt oppidōrum quae in ruīnīs sunt."

Ita diū per agrōs Cornēlia et avunculus ambulābant.

XXII
Fera Bēstia

Quamquam Cornēlia est parva puella, tamen inter aliōs puerōs et puellās quī prope habitant magna putātur. Interdum eīs temporibus cum patrēs et mātrēs nōn domī sunt,

Cornēlia cum puerīs puellīsque domī manet, nam est bona puella et cēterōs bene cūrat. Ōlim fēmina fīnitima ad oppidum īvit et Cornēlia cum puerīs puellīsque domī mānsit. Cornēlia omnia cūrābat. Puerī et puellae erant laetī.

"Quid faciēmus, Cornēlia?" inquiunt. "Aliquid novī facere cupimus."

"Sciō," inquit Cornēlia. "Vōs estis barbarī. Servī aliōrum virōrum esse nōn cupitis. In silvās ītis et ibi errātis et animālia necātis. Ego sum bēstia, magna et fera. In silvā errō. Nunc ego dormiō; vōs arma tua parātis."

Mox Cornēlia post casam celeriter īvit et dormiēbat. Puerī puellaeque sagittās suās et iacula fēcērunt. Ubi omnia parāta sunt, ad silvam celeriter īvērunt. Undique circumspectāvērunt. Ibi dormiēbat magna et fera bēstia! Barbarī timēbant et prope īre nōn audēbant. Omnēs sagittās iēcērunt, tamen hae bēstiam feram nōn incitāvērunt. Bēstia nōn movēbātur; dormiēbat. Tum iaculum iēcērunt. Iaculum bēstiam facile incitāvit. Ad barbarōs bēstia īvit. Eī celeriter cucurrērunt. Nunc post mūrōs validōs (post iānuam) stant barbarī. Tūtī sunt. Iacula iaciunt. Mūrī barbarōs servant. Bēstia nunc nōn currit; vulnerāta est. Barbarī vincula portāvērunt et mox bēstia erat in vinculīs. Barbarī oppida nōn expugnāvērunt neque dēlēvērunt. Sed bēstiam cēpērunt et per tōtum diem laetī fuērunt. Mox fēmina domum vēnit et Cornēliam īre necesse erat.

"Crās iterum veniam," inquit Cornēlia, "et iterum bēstiae et barbarī erimus."

"Bene est," inquiunt puerī puellaeque. "Laetī erimus quod multa et pulchra scīs."

XXIII
Barbarī et Amīcī

"Barbarī quibuscum pugnāvī," inquit avunculus Cornēliae, "nōn erant perfidī; erant fortēs et fortiter pugnāvērunt. Bellum barbarōrum igitur nōn est facile, sed est bellum dūrum. Ubi novus mīles fuī et nōn multa scīvī, dux meus mē ad barbarōs mīsit. Sī dux imperat; mīles bonus pāret; ego, igitur, īvī. Per tōtum tempus in animō timidus eram, sed hoc fortiter facere cupiēbam. Facile tamen nōn erat. Sī mīles barbarum incitat, bēstiam feram incitat. Sed barbarōs nōn esse perfidōs scīvī.

"Diū errāvī per silvās et nōn eram laetus. Ducem tamen memoriā tenēbam quod ducem meum amābam. Semper circumspectāvī et post longum tempus ducem barbarōrum repperī.

"'Amīcus,' inquam, 'sum,' et multās rēs quās dux meus imperāvit, dīxī. In animō meō, tamen, nōn fortis eram. Prope ducem barbarōrum erant cēterī barbarī. Nōn paucī erant barbarī; multī erant et saevī vidēbantur. Statim dux suōs mīlitēs ad sē vocāvit, et multa dīxērunt et cōnsilia cēpērunt. Mox dux mē vocāvit.

"'Servī esse nōn cupimus. Vincula nōn cupimus. Lignum et aquam nōn portābimus. Dominōs nōn dēsīderāmus. Dominōs nōn habēbimus. Amīcōs dēsīderāmus. Sī amīcī eritis, nōs quoque vestrī amīcī erimus. Hoc ducī tuō dīc.'

"Statim ad ducem meum īvī. Laetus eram quod hoc fēcī et dux erat laetus. Posteā iterum dux meus mē ad ducem barbarōrum mīsit. Tum celeriter mē movēbam. Nōn eram timidus, nam barbarī nōn sunt perfidī et nunc erant amīcī nostrī. Hoc scīvī."

XXIV
Miserī Servī

"Ōlim," inquit avunculus Cornēliae, "ubi cum barbarīs pugnāvī et erat mora bellī, amīcum quī prope locum bellī habitābat vīsitāvī. Amīcus meus erat dominus et multōs servōs habēbat. Tēctum erat magnum et agrī erant lātī. Servī in agrīs labōrābant, tēctum cūrābant, līberōs dominī cūrābant. Etiam in silvās mittēbantur et ibi labōrābant. Neque urbs neque oppidum erat prope locum. Locus erat prope silvās magnās. Amīcus meus igitur erat paene rēx. Imperāvit sī aliquid cupīvit et servī pāruērunt. Nōn omnēs servī ita pāruērunt sed eius servī erant bonī. Paucī servī celeriter sē movent quod sunt miserī. Lignum et aquam portāre nōn cupiunt. Līberī esse cupiunt.

"Heu! Semper miserī sunt eī quī nōn sunt līberī. Hoc memoriā tenēre necesse est. Sī dominus nōn est bonus sed est malus, nōn est homō sed est ferus et servōs bēstiās esse putat, suōs servōs in vincula conicit, etiam terga servōrum vulnerat. Saepe eīs temporibus ubi erant servī, clāmōrēs servōrum vulnerātōrum audīvī. Ōlim clāmōrēs audīvī et ānserēs vidēre exspectāvī sed mox miserōs servōs repperī. Paucī servī erant laetī quod multī dominī erant perfidī et animī erant saevī. Post bellum dūrum omnēs servī līberī erant. Etiam dominī nunc sunt laetī. Līberī esse cupiunt omnēs, hominēs et animālia quoque."

"Multa vīdistī, mī avuncule," inquit Cornēlia. "Manē nōbīscum et semper fābulās nārrā."

"Manēre cupiō, Cornēlia," inquit avunculus. "Vestrum tēctum mihi grātum est; sed multa facere et ad multa loca īre necesse est. Crās ībō."

XXV
Puer Novus

Hodiē Cornēlia ad scholam īvit et ibi puerum novum vīdit. Puer cum Mārcō quī erat discipulus sedēbat. Puer nōn erat discipulus. Posteā Cornēlia ad puerum cum aliīs puerīs puellīsque īvit. Puer multa dē sē dīcēbat et haec Cornēlia

repperit. Hic puer in urbe ubi sunt multī hominēs habitābat. Hīc ad scholam īre nōn potest quamquam est puer quod pater mortuus est et māter, heu, nōn magnam pecūniam habet. Hic aut in aedificiō magnō aut in nūllō aedificiō sed semper prope rīpam flūminis labōrat. Ibi nāvēs et nāviculae aedificantur.

Prīmō hic puer et aliī hominēs rēs multās in aedificiō faciunt; deinde in rīpā corpus nāvis aut nāviculae faciunt. Diū nāvis in rīpā stat et illō tempore ubi nāvis aedificātur multī clāmōrēs hominum et puerōrum audiuntur. Diū labōrant sed est nūlla mora. Nāvis ubi tōta facta est, rīpam relinquit et in flūmine natat. In flūmine sunt nūlla saxa et nāvis ibi tūta est. Nāvis numquam tam celeriter it sī in saxum coniecta est et vulnerāta est. Aliae nāvēs sunt angustae, aliae sunt lātae; omnēs sunt pulchrae. Nunc puer paucōs diēs rūrī vīsitat quod nūllī in aedificiō labōrāre possunt et hic igitur est līber.

"Nōs sumus rēgēs," inquit. "Nūllus rēx labōrat neque nōs nunc labōrāmus. Mox iterum labōrābimus."

Amīcus, Mārcus, ad hunc puerum tum ā tergō vēnit. "Dē nōminibus nāviculārum," inquit, "hīs discipulīs nārrā."

"Multa sunt nōmina," inquit puer. "Alia est 'Ānser' et alia est 'Stella Sōla' et alia est 'Rēx.' Etiam ūna parva nāvicula est 'Paene Īnsula.' Nōn omnia nōmina memoriā teneō."

"Nōnne cupis ad scholam īre?" inquit Cornēlia.

"Ita," respondit puer. "Per tōtum diem īre nōn possum, sed nocte eō et laetē eō."

XXVI
Cornēlia it ad Urbem

"Herī," inquit Cornēlia, "in scholā erat puer quī in urbe magnā labōrat. Ibi sunt aedificia magna et hominēs nāvēs nāviculāsque faciunt. Hanc urbem et hās rēs vidēre cupiō."
"Potes īre, Cornēlia," inquit pater. "Haec urbs nōn longē abest. Nōs omnēs ībimus."
Ōlim igitur omnia parāvērunt quod māne ad urbem īre cupīvērunt. Ubi māter māne Cornēliam excitāvit, quod lūx erat obscūra et diēs nōn erat clārus et lūna iam in caelō erat, Cornēlia nōn intellēxit. Sed nūlla mora erat. Mox tamen lūx erat clārior et omnēs domum relinquere parātī erant. In omnibus arboribus avēs audiēbant. Avēs etiam in summīs arboribus erant. Caelum erat clārum; in caelō erat nūlla nūbēs. Diēs erat pulcher.
Via angusta erat. Cornēlia et pater et māter per silvam et per collēs ībant. Mox prope rīpam flūminis ībant. Ibi quoque erant avēs; aut in saxīs prope rīpam sedēbant aut in flūmine natābant. Ubi via in silvā fuit, avēs et arborēs sōlae vidērī poterant. Cornēlia avēs vīdit sed nūllum hominem vīdit. Omnia spectābat et laeta erat.
Nunc omnia silēbant. Māter cibum sēcum portāverat; nunc itaque māter et pater et Cornēlia prope viam sēdērunt et ēdērunt. Quamquam avēs nōn audiēbant, corpora parva inter arborēs vidēre poterant et ea Cornēlia laetē spectāvit. Pater ōlim avem pulchram vīderat dē quā nunc Cornēliae nārrāvit.
"Omnēs avēs sunt pulchrae nātūrā," inquit pater, "sed hae avēs erant pulcherrimae."
"Illae erant avēs pulchrae," inquit Cornēlia. "Ego ūnam ex illīs avibus vidēre cupiō," sed, heu, nūllam avem tam pulchram vīdit. Mox silvam relīquērunt et urbī magnae appropinquābant. "Mox, mox," inquit Cornēlia, "nāvēs et nāviculās vidēbimus."

XXVII
Dē Nāvibus

"Mox, Cornēlia, in urbe erimus," inquit pater. "Nunc dē proeliīs quae nāvibus pugnantur tibi nārrābō, nam nōn sōlum in terrā virī pugnant sed etiam in nāvibus pugnant. Ōlim nāvēs signa habuērunt et per haec signa amīcīs et hostibus nāvis nōta erat. In summā nāvī erant signa. Signa erant saepe figūrae avium aut animālium.

"Ōlim, ubi puer eram, ūnam ex hīs antīquīs nāvibus vīdī. Signum, figūram stellae, habuit et sīc haec nāvis ubīque nōta erat. Numquam nautae signa cēlāvērunt sed apertē ostendērunt et signa erant splendida in clārā lūce sī caelum erat clārum. Nautae nāvis inimīcae semper hīs signīs excitātī sunt.

"Saepe ūna nāvis sōla per aquās ībat. Sī haec nāvis aliam nāvem quae nōn erat amīca vidēbat, illam nāvem oppugnābat. Sī nāvem expugnāvit, virōs et pecūniam et cibum, omnia quae in nāvī erant, et nāvem ipsam rapuit. Magnam laetitiam illī nautae dūrī tum sēnsērunt, sī praemium erat magnum. Nōn iam silēbant sed clāmōrēs laetī erant."

"Proelia nōn amō," inquit Cornēlia. "Avēs et arborēs et collēs et flūmina, etiam nūbēs amō, sed proelia nōn amō. Omnia quae nātūra dat sunt bona, sed proelia sunt mala."

Nunc tēctīs urbis appropinquābant. Mox Cornēlia nāvēs vidēbit.

XXVIII
Nauta quī Nāvēs Facit

Tandem Cornēlia nāvēs videt! Portus est lātus et tūtus. Ibi sunt paucae nāvēs, multae nāviculae, nāvigia quoque quae nōn sunt tam parva quam nāviculae neque tam magna quam nāvēs. Splendidae sunt nāviculae, pulchrae sunt figūrae nāvium. Multae nāvēs signa habent quae in caelō videntur. Ubīque sunt in aquā portūs et magna est laetitia Cornēliae ubi eās videt.

Diū Cornēlia et pater circum portum ambulāvērunt et nāvēs spectāvērunt; deinde vir, quī erat magnus et ferus vidēbātur, ad eōs vēnit. Cornēlia perterrita erat sed quamquam erat perterrita nōn erat ignāva. Nōn cucurrit sed cum patre mānsit.

"Hūc vēnī," inquit vir, "ubi puer fuī et per multōs annōs hīc labōrāvī ubi nāvēs aedificābantur. Ōlim nōn iam hīc manēre cōnstituī. Nauta esse cupīvī. Omnēs nautae īnsignia in corporibus habent et ego quoque īnsignia habeō."

Deinde tergum ostendit ubi erat figūra magna animālis quam nautae ibi fēcerant. Vir hoc īnsigne amāvit sed Cornēlia nōn amāvit; erat perterrita ubi virum sīc ōrnātum vīdit.

"Quid nunc facis?" rogāvit pater Cornēliae.

"Iterum nāvēs faciō," inquit vir. "Nāvis mea ad urbem nōtam īvit. Ibi cīvēs nautās nōn amāvērunt neque nautae cīvēs. Cīvēs nautam rapuērunt. Omnēs nautae excitātī sunt et proelium pugnātum est. Cīvēs bene pugnābant et erant multī quoque. Tandem necesse erat nautās urbem relinquere. Cīvēs laetitiam quam sēnsērunt nōn cēlāvērunt. Nunc tōta gēns nautārum huic urbī nōn appropinquat quod cīvibus nōn est grāta. Post id proelium iterum hūc vēnī et hīc semper labōrāre cōnstituī."

XXIX
Castra Antīqua

Ubi urbem relīquērunt, pater Cornēliae ex viā lātā per viam angustam ad castra antīqua ubi ōlim proelium magnum pugnātum erat īvit. Parvus exercitus hūc vēnit. Hic locus tum erat in fīne terrārum barbarōrum. Pars cōpiārum erat in castrīs, alia pars erat in nāvigiīs in portū. Moenia castra nōn habēbant sed vāllum validum aedificātum est. Vigilēs erant in vāllō et ubīque prōspectābant ubi clāmor audītus est. Barbarōs, splendidē ōrnātōs, vīdērunt. Barbarī vēnerant et mox castra oppugnābant. Haec gēns barbarōrum nōn erat amīca sed proelium nōn exspectātum est. Dux nūntium ad nāvigia mīsit sed nūntius ā barbarīs captus est. Mīlitēs perterritī erant sed nōn erant ignāvī.

Diū bene pugnāvērunt. Deinde omnia silēbant et dux mīlitēs suōs convocāvit. Tandem agmen facere et ex portā castrōrum īre et iter per silvam ad portum facere cōnstituērunt. Mox itaque signa in castrīs relīquērunt. Īnsignia mīlitēs nōn ostendērunt. Sine clāmōribus per portam īvērunt. Omnia silēbant. Eī quoque silēbant. Ad portum īre poterunt! Mox clāmor magnus audītus est; omnēs perterritī erant. Celeriter cucurrērunt. Barbarī undique impetum fēcērunt. Nūlla mora erat. Paucī sē cēlāvērunt et posteā ad portum vēnērunt. Paene omnēs necātī sunt.

Cornēlia misera erat ubi fābulam audīvit sed magna erat laetitia quod locum vīdit. "Nōnne omnēs cīvēs excitātī sunt?" rogāvit.

"Ita," respondit pater. "Mox omnēs illī barbarī ab hīs locīs īvērunt quod cīvēs magnōs exercitūs habēbant quī semper pugnābant et superābant."

XXX
Dē Etrūscīs

Hodiē in scholā est Cornēlia. Ibi quod puella celeriter labōrāvit, tandem fābulās legit. Fābulae quās legit sunt dē urbibus Etrūscōrum. Etrūscī erant populus Ītaliae quī prope Rōmam sed in ulteriōre rīpā flūminis Tiberis habitābant. Multae et splendidae urbēs Etrūscīs erant. Semper in collibus summīs urbēs aedificābant. Collēs erant paene montēs quod tam altī erant. Montēs, tamen, nōn appellābantur; collēs appellābantur. Pars hārum urbium neque moenia neque vālla neque portās habēbat quod collis est locus idōneus urbī et collis ipse urbem validam facit.

Aliae urbēs tamen moenia habēbant et semper vigilēs ex moenibus prōspectābant quod multōs hostēs habēbant et exercitūs hostium semper exspectābant. Longē agmen hostium vidērī poterat sī iter ad urbem faciēbat. Deinde mīlitēs excitābantur et cum virtūte pugnāre parātī erant. Mīlitēs, quod tam saepe superāvērunt, deum ipsum sē iuvāre putāvērunt.

Sī hostēs erant fortēs et virtūtem magnam habēbant et fortiter impetum faciēbant, tum Etrūscī ad sociōs nūntium mittēbant et auxilium rogābant. Post fīnem bellī sociōs domum mīsērunt. Semper eīs partem praedae dedērunt.

Gentēs quae temporibus antīquīs in locīs aliīs habitābant erant novae Cornēliae et fābulās dē eīs laeta lēgit.

XXXI
Castra ex Nive

Ōlim post fīnem hiemis nēmō nivem exspectāvit; erat, tamen, nix alta. Cornēlia et aliī puerī puellaeque erant laetī. Labōre factō, discipulī sē in duās partēs dīvīsērunt. Pars discipulōrum ex nive castra in monte nivis aedificāvērunt. Castra moenia valida habēbant. Reliquī discipulī erant exercitus quī castra oppugnābat. Ūnus puer hōs discipulōs dūxit. Eum imperātōrem appellāvērunt. Imperātor exercitum legiōnem suam appellāvit. Proelium nōn erat in inīquō locō neque erant cōpiae inīquō animō. Mīlitēs quī erant in castrīs magnam cōpiam tēlōrum sub moenibus posuērunt. (Discipulī: Quae putās tēla fuisse?) Imperātor et legiō eius tamen virtūtem magnam ostendērunt. Eī quī erant in castrīs eandem virtūtem ostendērunt. Imperātor moenia quae erant ante castra nōn esse idōnea ad oppugnandum cōnstituit, nam erant tam valida. Ulteriōra moenia nōn erant tam valida, itaque ad ea moenia cōpiās suās dūxit. Subitō nūbēs tēlōrum ad eōs iaciēbantur!

"Nōs circiter mīlle nova tēla faciēmus et moenia ipsa dēlēbimus," inquit imperātor. "Eōs hostēs vincēmus."

Deinde legiō impigra ācriter impetum fēcit et mox per moenia ipsa cucurrērunt et aliōs mīlitēs in fugam dedērunt. Illa legiō igitur in proeliō vīcit. In hōc proeliō erat nūlla praeda, nūllus mīles vulnerātus est, nūllus hostis necātus est, ā nūllō deō auxilium postulāvērunt, sed post proelium laetī discipulī cum oculīs splendidīs domum īvērunt.

XXXII
Centuriō

Cornēlia domum īvit atque patrī et mātrī dē legiōne et imperātōre et castrīs nārrāvit. "In eō librō," inquit pater, "sunt multae fābulae dē legiōnibus et imperātōribus et lēgātīs quī sub imperātōribus imperant. Post cēnam dē eīsdem legere poteris." Laeta erat Cornēlia, nam, quamquam puella erat, fābulās quae erant dē exercitibus amāvit.

Prīmō pictūram cuiusdam imperātōris quī corōnam in capite habuit repperit. Nōn erat imperātor tōtīus exercitus sed centuriō appellātus est quod circiter centum mīlitēs dūxit. Exercitus tōtus in multās partēs dīvīsus est. In cīvitāte Rōmānā hic centuriō habitāverat et ōlim sōlus prō patriā pugnāverat. Prō castrīs prōcesserat et mīlitem hostium prīmō graviter vulnerāverat, deinde interfēcerat. Nēmō tam magnam virtūtem ostenderat. Ubi iterum ad castra īvit, comitēs eius laetī eum excēpērunt. Imperātor ipse posteā corōnam in caput posuit quod hostem vīcerat. Reliquī mīlitēs clāmāvērunt. Saepe sīc temporibus antīquīs mīles ūnus prō mīlibus mīlitum pugnāvit. Proelium nōn erat in inīquō locō sed in locō idōneō erat, et, sī mīles vīcit, tōtus exercitus sē vīcisse et hostēs in fugam dedisse putāvit.

Cornēliā hanc fābulam multum amāvit et, ubi librum in eundem locum ubi eum repperit posuit, "Mox iterum," inquit, "eandem fābulam legam quod multum eam amō."

XXXIII
Vir quī Latrōnēs Expulit

Posterō diē iterum Cornēlia librum quem amāvit legēbat. Hoc patrī dīxit: "Pictūram herī vīdī quam iterum vidēre volō. Quīdam vir in equō erat. Equus celeriter currēbat. Splendida arma vir gerēbat et longam hastam ferēbat. Nōn difficile erat vidēre virum fortem esse. Quis erat vir?" Pater respondit: "Erat quīdam vir quī latrōnēs expulit. Ōlim multī et saevī latrōnēs per viās Ītaliae errābant. Eī quī rūrī habitābant semper timēbant. Semper tēcta ā latrōnibus oppugnābantur et praeda capta est. Nēmō audēbat sē dēfendere. Sī virī tēcta sua dēfendērunt, latrōnēs saepe virōs interfēcērunt et tēcta dēlēvērunt, deinde discessērunt. Hī latrōnēs cōpiās suās exercitum appellāvērunt et imperātōrem et lēgātōs et centuriōnēs habuērunt.

"Saepe centum virī in ūnō locō habitāvērunt, deinde paucī ex eō locō ad praedam capiendam prōcessērunt. Sī graviter vulnerātī sunt aut victī sunt, reliquī comitēs eōs excēpērunt, deinde multī latrōnēs eundem locum oppugnābant. Cīvitās ipsa eōs inimīcōs esse sēnsit sed nēmō eōs vincere potuit; pugnāvērunt enim, deinde ad montēs cucurrērunt. Tandem hic vir eōs bonīs cōnsiliīs vīcit. Quod hoc fēcit, corōna eī ā cīvibus data est. Habetne corōnam in pictūrā?"

"Minimē," inquit Cornēlia, "sed corōnam habēre maximē dēbet. Magnam virtūtem habuit et bonum cōnsilium cēpit."

XXXIV
Sumus Lātronēs

Ōlim diēs erat clārus et in caelō erat lūx splendida. Tum Cornēlia ad flūmen parvum quod erat prope domum prōcessit. Ibi in grāmine in rīpā iacēbat atque caelum et arborēs et flōrēs spectābat atque sonitum flūminis audiēbat atque avēs quae in arboribus sedēbant audiēbat. Etiam ad flūmen īvit et pedēs in aquam posuit et laeta aquam in pedibus sēnsit. Deinde corōnam ex flōribus fēcit. Posteā in grāmine iacēbat. Prīmō in grāmine iacēbat ubi lūx erat splendida. Mox ubi arborēs umbram fēcērunt, ibi iacēbat quod erat paene aestās. Ut sīc in umbrā arborum iacēbat somnus oculōs eius paene superāvit, tanta erat pāx et quiēs locī. Deinde subitō clāmōrem audīvit! Per grāmina et flōrēs veniēbant puerī et puellae quī eiusdem scholae discipulī fuērunt et comitēs Cornēliae fuērunt.

"Venī, Cornēlia," inquiunt. "Latrōnēs saevī sumus. Hoc nōn est flūmen parvum; est mare magnum. Prope mare castra mūniēmus quae nēmō oppugnābit quod ea bene dēfendēmus. Paucī ad castra nostra venīre audēbunt. Sī hostēs venient, eōs ex hīs locīs expellēmus. Sī nōn celeriter discēdent, eōs graviter vulnerābimus. Ego sum centuriō et hastam longam ferō. Spectā hastam meam. Difficile erit nōs vincere sī nōs bellum gerēmus. Nōs enim ācriter pugnābimus et nōs dēfendēmus."

Cornēlia hoc facere voluit. Cum discipulīs igitur ad rīpam flūminis prōcessit et ibi castra posuērunt.

XXXV
Cōnsul et Quaestor

Ubi Cornēlia et puerī puellaeque prope flūmen quod illī mare appellāvērunt castra mūnīvērunt, per grāmina vēnērunt duo aliī puerī quī domī nōn fuerant cum aliī prōcessērunt. In umbrīs manēbant et pedēs in grāmine altō nūllum sonitum fēcērunt. Ubi propius vēnērunt et aliōs audīre potuērunt, in grāmen sē iēcērunt et ibi iacuērunt et omnia audīvērunt. Fēlīcēs erant quod nunc omnia intellēxērunt. Ipsī aliquid facere cōnstituērunt. Subitō ad castra īvērunt. Tum puer altior hoc dīxit: "Salvēte. Latrōnēs estis. Nōs sumus magistrātūs reī pūblicae. Ego sum cōnsul; hic est quaestor. Officium meum semper faciō; neque officium umquam neglegō. Imperium summum habeō. Vōs—vōs quī pecūniam et rēs bonās petitis et virōs vulnerāre et necāre vultis—cīvitās esse latrōnēs malōs scit. Semper cīvitās vōs premere vult sed difficile est vōs reperīre. Nisi nunc nōbīscum venīre cōnstituētis, hic quaestor sine morā exercitum meum vocābit atque vōs omnēs premēmus. Quis vōs regit? Ubi est centuriō vester?"

Latrōnēs bene scīvērunt exercitum esse nūllum, et cōnsulem nēminem regere et duōs puerōs esse sōlōs. Tanta fābula tamen erat grāta et puerōs fābulamque amāvērunt.

Itaque respondērunt: "Sī vōs cīvitātem vestram relinquētis et eritis latrōnēs nōbīscum, cōnsulem et quaestōrem nostrum faciēmus. Nisi hoc faciētis, vōs in mare sine morā coniciēmus. Altus erit somnus vester sī vōs petēmus. Nōs ipsī officium nostrum vidēmus."

Ut centuriō latrōnum hoc dīxit, duo puerī pācem facere cōnstituērunt et posteā omnēs erant latrōnēs.

XXXVI
Amīca Mātrem Vīsitat

Ōlim ad casam Cornēliae vēnit fēmina quam Cornēlia nōn cognōvit. Cornēlia erat in hortō; Māter erat intrā casam. Ad iānuam vēnit māter Cornēliae. Māter et fēmina, altera alteram spectāvit. Deinde laeta erat māter. Cognōvit fēminam amīcam quam puella parva cognōverat. Māter autem Cornēliam petīvit et Cornēlia sē fēlīcem putāvit quod audiēbat mātrem et amīcam nārrāre dē temporibus ubi puellae parvae septem annōrum fuērunt.

Posterō diē duae fēminae et Cornēlia per viam ambulābant. "Ōlim," inquit amīca mātris, "hīc sub ponte castellum mūnīvimus atque summā cum salūte per tōtam aestātem per diem in castellō manēbāmus. Nocte domum īvimus. Nostrās cōpiās dīvīsimus. Altera pars erat mīlitēs reī pūblicae, altera pars erat hostēs. Quīdam ex mīlitibus reī pūblicae erant explōrātōrēs, aliī erant magistrātūs et mīlitēs quī in castellō mānsērunt. Per diem utraque pars erat in agrīs et in castellō. Nocte utraque pars domum īvit."

"Habuistisne cōnsulēs et quaestōrēs et aliōs magistrātūs reī pūblicae quī imperium habuērunt et aliōs rēxērunt?" rogāvit Cornēlia.

"Minimē," inquit fēmina, "nam tum dē Rōmānīs nōn scīvimus. Sed explōrātōrēs nostrī in grāmine latuērunt et dē numerīs hostium didicērunt, deinde nūntiōs ad aliōs portāvērunt. Itaque semper hostēs repellere poterāmus. Neque enim magistrātūs nostrī officium umquam neglegēbant. Nisi magistrātus officium facit nōn est bonus. Sī hostēs venīre scīvimus, facile eōs premere potuimus, quod castellum erat in locō idōneō."

Magna erat laetitia Cornēliae per diēs quōs fēmina mānsit.

XXXVII
Duo Mīlitēs Fortēs

Hodiē caelum nōn erat clārum et Cornēlia intrā casam manēbat et legēbat. Fābulam legēbat dē temporibus antīquīs quandō rēs pūblica Americāna erat nova et nūllī magistrātūs

imperium tenuērunt nisi eī validī et fortēs et fēlīcēs. Exercitus reī pūblicae cum hostibus pugnābat et numerus hostium erat magnus. Parvus exercitus reī pūblicae intrā castellum manēbat et hostēs repellere nōn poterat. Hostēs Americānōs premēbant. Nūntiōs autem Americānī mittere nōn poterant quod explōrātōrēs hostium latēbant quī nūntiōs petēbant. Sī nūntius missus est, statim captus est.

"Nullō modō mīlitēs reī pūblicae victōriam spērābant," lēgit Cornēlia. "Nūllō modō salūtem spērābant. Nūllō modō explōrātor trāns pontem trānsīre poterat et nūntium ad comitēs ferre. Deī hīs mīlitibus victōriam sinere nōn

CORNĒLIA

vidēbantur. Nisi deī victōriam sinunt, mīlitibus est nūlla victōria. Nihil hī mīlitēs spērābant. At imperātor erat sapiēns et fortis. Mīlitēs suōs fortēs esse cognōvit. Magnā vōce septem mīlitēs ad sē vocāvit et cōnsilium mōnstrāvit. Vigilēs ex moenibus prōspectāverant et locum ubi nūntius trānsīre poterat vīderant. At nihil erat difficilius quam ad hunc locum pervenīre. "Duo mīlitēs erant in exercitū quī loca bene cognōverant. Uterque erat fortis, uterque erat sapiēns, uterque erat fēlīx, uterque nunc rem fēlīcem futūram esse spērābat. Difficile erat ūnum legere. Tandem alter lēctus est, alter in castellō mānsit. Omnēs mīlitēs hunc perventūrum esse spērābant. Multī ex moenibus prōspectābant.

"Nox tamen erat obscūra et nihil vīdērunt. Quanta erat cūra omnium mīlitum, ut comes ex castellō īvit, sine sonitū in flūmen sē iēcit, sine sonitū per aquam īvit. Magna erat vīs flūminis, sed magna erat vīs mīlitis. Magnā vī prōcessit et mox ad locum tūtum pervēnit. Ibi ex flūmine īvit et nūntium ad aliōs comitēs tulit. Hī comitēs mīlitēs mīsērunt et mox magnā vī in hostēs ā tergō impetum fēcērunt. Quanta erat laetitia mīlitum quī in castellō mānsērunt quandō comitēs vīdērunt! Quanta autem erat virtūs mīlitis fortis et sapientis quī suīs comitibus hōc modō salūtem dederat!"

Haec fābula Cornēliae grāta erat. Diū sēcum putābat. Tandem sēcum hoc dīxit: "Multī hōrum hostium necātī sunt. Multī tamen ex hōc locō cucurrērunt et exsulēs factī sunt. Etiam nunc post multōs annōs minōrēs eōrum in patriā nostrā habitāre putō. Hodiē nihil nisi bonī cīvēs sunt! Quanta est vīs temporis quod amīcōs et fīnitimōs ex hostibus facit!"

XXXVIII
Fēminae Antīquae

Cornēlia lēgerat dē fēminīs nōbilibus, sapientibus, potentibus, quae temporibus antīquīs usque ad locum ubi Cornēlia nunc habitābat pervēnerant atque ibi paene in silvīs prīmīs novās domōs cōnstituerant. Paene exsulēs hae fēminae fuerant. Vōcem nūllam audīvērunt nisi vōcēs virōrum suōrum et līberōrum suōrum. Diēbus illīs numquam conventum est quod aliud tēctum longē ab aliō aberat et magnus erat labor. Equīs sōlīs itinera facta sunt. Nūllī pontēs erant. Flūmina equīs trānsita sunt. Ubīque erant barbarī. Sī vir tergum vertit, tēlum coniciēbātur et vir occīdēbātur.

Deinde necesse erat fēminam et līberōs sōlōs domum antīquam redīre aut sōla fēmina labōrem tōtum facere coepit. Interdum barbarī impetum magnā vī fēcērunt ubi nēmō in cōnspectū fuit atque omnēs occīdēbantur. Salūtem omnēs spērābant sed paucī reperiēbant. Sī barbarī nōn vēnērunt, saepe nūllō modō cōpiam satis magnam cibī fēmina reperīre poterat.

Quantī erant labōrēs illōrum diērum! Multae fēminae animōs magnōs ostendērunt, at, heu, multīs victōriā sērō vēnit. Dēfessae, nihil facere nisi morī potuērunt. Fortūna nihil aliud eīs sinēbat.

Duās fābulās Cornēlia maximē amābat. Altera erat dē fēminā fortī quae cum barbarīs pugnāvit atque tēctum et līberōs servāvit ubi vir longē āfuit; altera erat dē fēminā quae barbarōs vulnerātōs iūvit et eōs amīcōs fēcit. Utraque fēmina fortis erat et hās Cornēlia amāvit.

XXXIX
Multa Genera Tēlōrum

Cornēlia cum puerō fīnitimō ad casam virī quī tempora antīqua cognōverat et quī in silvā prope agrōs patris Cornēliae habitābat pervēnit. Multōs annōs vir sōlus in casā habitāverat et apud virum multa genera tēlōrum erant. "Nōlīte," inquit vir, "haec sūmere, puer et puella." Intereā tēla in mēnsā dispōnere coepit. Quandō multa in mēnsā in cōnspectū posita erant, vir dē eīs nārrāre coepit. "Hāc sagittā barbarus saevus fēminam nōbilem occīdit. Altera sagitta in corpore virī quī fēminam suam servāre voluit reperta est. Trāns locum apertum ad fēminam trānsībat cum barbarus hanc sagittam mīsit. Eīs diēbus barbarī magnā vī impetūs faciēbant et multōs occīdērunt. Sī barbarus clāmāre coepit, reliquī barbarī celeriter conveniēbant." Deinde ad magnam secūrim successit. "Hāc secūrī pater meus ipse prīmam arborem quae in hāc silvā ā virō quī nōn erat barbarus caesa est cecīdit." Deinde gladium antīquum et frāctum sūmpsit. "Hōc gladiō māter patris meī per tōtam noctem usque ad diem vigiliam ēgit. Vir eius longē ad oppidum prōcesserat neque redierat. Fēmina barbarōs timuit. Itaque ibi sedēbat per tōtam noctem parāta barbarōs pellere. Sērō vir rediit. Fortem fēminam multum laudāvit." In manū vir gladium vertit, eum amāre vīsus est.

Tēla omnia sūmpsit et ad loca restituit. Paene perterrita Cornēlia virum relīquit quod haec esse partem temporum antīquōrum sēnsit.

XL
Equitēs

Apud virōs antīquōs equitēs magnō honōre habēbantur. (Notāte bene, discipulī: "eques" nōn est "equus"; nōn est bēstia; est vir!) Equitēs domō exīvērunt et per tōtum rēgnum, etiam per omnēs terrās īvērunt ubi petīvērunt eōs quī iniūriās tulerant.

Quandō eques pervēnit, eī quī iniūriam ferēbant aut fūgērunt aut restituērunt id quod iniūriā cēpērunt. Sī malī hās rēs restituere nōlēbant, eques secūrim sūmpsit et impetum fēcit! Eques fortis erat et numquam sē recēpit. (Discipulī: "sē recipere" est "relinquere pugnam" aut "redīre domum.")

CORNĒLIA

Aut malum secūrī cecīdit aut malum pepulit aut eques ipse caesus est. Nisi ā multīs et malīs virīs circumventus est, eques numquam occīsus est, sed victōriam reportābat.

Fābulās eius generis dē equitibus Cornēlia saepe legēbat et multum amābat. In quādam fābulā hoc lēgit: "Per ignem, per gladiōs, per aquam hī equitēs tūtī ībant." Hoc Cornēlia nōn intellēxit quod equitēs sunt hominēs atque sciebat ignēs et gladiōs iniūriam ferre.

In aliā fābulā saepe dē equite quī album īnsigne in galeā gerēbat Cornēlia legēbat. Haec fābula ita incēpit: "Utrum est melius sī homō pācem vult, bonus gladius an bona vīta?" Hic eques nūllōs vigilēs disposuit; nocte erant nūllae vigiliae; mīlitēs aliīs mīlitibus ad vigiliās numquam successērunt; pontēs nōn frēgērunt; quod hic eques nōn erat eques Rōmānus. Erat eques Gallicus quī erat rēx et rēgnum magnum regēbat.

Ubi regere coepit, multī et nōbilēs equitēs convēnērunt. Ad suās domōs numquam rediērunt sed semper cum hōc rēge mānsērunt. Eum summō honōre habēbant. Sī īnsigne album vīdērunt, ad eum locum ībant et numquam sē recipiēbant.

Intereā malī virī fugiēbant et bonī rēs meliōrēs spērāre coepērunt. Sī hic eques pugnābat, victōriam reportābat, sed nōn saepe pugnābat. Pācem hostēs volēbant quod eques erat fortis et sapiēns et nōbilis.

Discipulī, utrum est melius, sī homō pācem vult, bonus gladius an bona vīta?

QUESTIONS ON EACH CHAPTER

I
1. Quis est haec puella?
2. Quālis puella est Cornēlia?
3. Quis est haec fēmina?

II
1. Quis est haec fēmina?
2. Quālis est māter Cornēliae?
3. Quis est puella alta?
4. Quis est hic puer?

III
1. Quid est patria Cornēliae?
2. Amatne haec fēmina Americam?
3. Quālis terra est America?
4. Quāles sunt viae Americae?

IV
1. Quis est hic?
2. Ubi habitat agricola?
3. Quid facit agricola?
4. Quid facit frāter Cornēliae?
5. Quid facit Cornēlia?
6. Quid facit māter?

V
1. Quid nunc facit agricola?
2. Quid faciunt Cornēlia et frāter?
3. Cūr scrībit nauta?
4. Quō tempore scrībit nauta?
5. Quī pecūniam nōn habent?

VI
1. Quis Cornēliae dōnum dat?
2. Cūr?
3. Quālem pecūniam nauta Cornēliae dat?

QUESTIONS ON EACH CHAPTER

4. Quid facit agricola ubi Cornēlia pecūniam nautae ostendit?
5. Quid Cornēlia facere cupit?

VII

1. Quālis est casa agricolae?
2. Quid facit Cornēlia?
3. Quid faciunt agricola et nauta?
4. Ubi Cornēlia nautae cēnam dat, quid facit nauta?
5. Quid ostendit nauta?
6. Cūr multī poētae pecūniam dant?

VIII

1. Ubi nunc est Cornēlia?
2. Quāles sunt fenestrae?
3. Quālis est magistra?
4. Quid facit Cornēlia in scholā?
5. Quālis est Cornēlia?
6. Quālis est schola Cornēliae?

IX

1. Quālis nunc est Cornēlia?
2. Quem exspectat?
3. Quid est tempus?
4. Quid videt Cornēlia?
5. Quid facit pater?

X

1. Quālīs est medicus?
2. Quid facit medicus?
3. Cūr Cornēlia in casā labōrat?
4. Quāles herī erant pater et māter Cornēliae?
5. Quid nunc facit Cornēlia?
6. Quid facit frāter Cornēliae?
7. Cūr?

XI

1. Cūr hodiē medicus Cornēliae medicīnam dare cupit?
2. Quid quoque medicus Cornēliae dat?
3. Aestāte ubi habitat medicus?
4. Quid medicō grātum est?

5. Quid aestāte facit agricola?
6. Quō tempore "Valē" dīcit medicus?

XII

1. Quō modō sentit Cornēlia hodiē?
2. Cūr?
3. Quid facit māter?
4. Quid mox facit Cornēlia?
5. Quid faciunt puerī et puellae?
6. Quid dīcit māter Cornēliae?

XIII

1. Quō tempore fīlius agricolae ad oppidum it?
2. Quid ibi facit?
3. Dē quibus sunt colloquia puerī et amīcōrum?
4. Quid hieme faciunt equī agricolae?
5. Quot equōs habet agricola?
6. Quid vesperī facit fīlius agricolae?
7. Quid tum faciunt pater et māter et Cornēlia et frāter?

XIV

1. Quis est Pūblius?
2. Aestāte quid facit Pūblius?
3. Hieme quid facit Pūblius?
4. Quō modō sentit?
5. Quid est cōnsilium Pūbliī?
6. Quid domī facit Pūblius?

XV

1. Pictūram fac et ostende ea quae in fābulā sunt.
2. Ubi habitat alius filius agricolae?
3. Quae tēla et arma habet?
4. Quāle est nōmen mīlitis?
5. Quid interdum facit mīles?

XVI

1. Quid faciunt Cornēlia et pater hodiē?
2. Quae sunt nōmina equōrum?

QUESTIONS ON EACH CHAPTER

3. Quid prope oppidum fit?
4. Quid dīcit pater?
5. Quid in carrō dīcit Cornēlia?

XVII

1. Quis ad iānuam Cornēliae venit?
2. Cūr hīc est?
3. Ad quem locum it?
4. Cūr pater virum nōn amat?
5. Quid posterō diē fīnitimus dīcit?

XVIII

1. Quid māne facit Cornēlia?
2. Quid herī vesperī factum est?
3. Quid numquam iterum mīles faciet?
4. Quid faciunt duae puellae?
5. Quid dīcit magistra?

XIX

1. Cūr Cornēlia prope flūmen manēbat?
2. Quis vidētur?
3. Quid facit vir?
4. Quid facit Cornēlia?
5. Cūr erat vir īrātus?
6. Quid dīcit magistra?

XX

1. Cūr Cornēlia saltāvit et clāmāvit?
2. Quis erat avunculus Cornēliae?
3. Cūr hostēs semper superāvit?
4. Quid vīdit avunculus ubi ex casā īvit?
5. Quid fēcit?

XXI

1. Quid posterō diē faciēbant Cornēlia et avunculus?
2. Dē quibus avunculus fābulam nārrāvit?
3. Quālēs erant?
4. Quid faciēbant?
5. Quid faciēbant eī quī in eīs locīs habitābant?
6. Quid fēcērunt mīlitēs avunculī Cornēliae?

XXII

1. Quid interdum faciēbat Cornēlia?
2. Cūr?
3. Quid ōlim puerī puellaeque cupiēbant?
4. Quid faciēbant? (Omnia nārrā.)
5. Quid dīxit Cornēlia ubi fēmina domum vēnit?
6. Quid dīxērunt puerī et puellae?

XXIII

1. Quāle est bellum barbarōrum?
2. Cūr?
3. Quid dux imperāvit ubi avunculus novus mīles fuit?
4. Quō modō sentiēbat avunculus?
5. Quid factum est? (Omnia nārrā.)
6. Cūr avunculus nōn timidus erat ubi posteā dux ad barbarōs mīsit?

XXIV

1. Quō tempore avunculus amīcum vīsitāvit?
2. Quālis erat amīcus?
3. Ubi habitāvit?
4. Nārrā dē vītā servōrum.
5. Quid ōlim audīvit avunculus?
6. Quid crās avunculum facere necesse erit?

XXV

1. Ubi habitāvit novus puer?
2. Quid ibi fēcit?
3. Īvitne ad scholam?
4. Quō modō nāvis facta est?
5. Quae erant nōmina nāviculārum?
6. Cūr puer dīxit sē rēgem esse?

XXVI

1. Quid dīxit pater Cornēliae ubi Cornēlia nāvēs vidēre cupiēbat?
2. Quō tempore māter Cornēliam excitāvit?
3. Quae prope viam vīdērunt?
4. Quid flēbat ut edēbant?
5. Quid dīxit Cornēlia ubi silvam relīqūerunt?

XXVII

1. Dē quō pater Cornēliae nārrābat?
2. Quō modō nāvis amīcīs et hostibus nōta est?
3. Quod signum pater Cornēliae vīderat?
4. Quid fīēbat sī nautae nāvem expugnāvērunt?
5. Quid dīxit Cornēlia?

XXVIII

1. Quae in portū Cornēliā vīdit?
2. Quālem virum Cornēlia vīdit?
3. Quid in tergō vir habuit?
4. Nārrā fābulam dē vītā virī.

XXIX

1. Ad quem locum pater Cornēliae īvit?
2. Nārrā dē impetū barbarōrum.
3. Cūr auxilium ā portū nōn missum est?
4. Quō modō ē castrīs īvērunt?
5. Quid factum est?

XXX

1. Cūr hodiē Cornēlia fābulās lēgit?
2. Cūr multae urbēs neque moenia neque vālla neque portās habēbant?
3. Quid longē vidērī poterat?
4. Sī mīlitēs saepe superāvērunt, quid putāvērunt?
5. Sī auxilium ā fīnitimīs datum est, quid post bellum Etrūscī fēcērunt?

XXXI

1. Quae putās tēla fuisse?

XXXII

1. Quid pater Cornēliae dīxit?
2. Cūr centuriō sīc appellātur?
3. Quō modō hic centuriō corōnam accēpit?
4. Quid fīēbat, sī ūnus mīles pugnāvit et superāvit?
5. Quid Cornēlia tandem fēcit?

XXXIII

1. Quid Cornēlia patrī dīxit?
2. Quae latrōnēs ōlim faciēbant?
3. Cūr hic vir latrōnēs vīcit?
4. Quid erat praemium virī?

XXXIV

1. Quae ōlim fēcit Cornēlia?
2. Ubi in grāmine iacēbat?
3. Quod cōnsilium discipulī cēpērunt?
4. Quid tandem fēcit Cornēlia?

XXXV

1. Cūr hī duo puerī cum reliquīs nōn vēnerant?
2. Quō modō omnia intellēxērunt?
3. Quid dīxit altior puer?
4. Quid latrōnēs scīvērunt?
5. Quid respondērunt?
6. Quid factum est?

XXXVI

1. Quis ad casam Cornēliae vēnit?
2. Cūr Cornēlia sē fēlīcem putāvit?
3. Quid ōlim sub ponte factum est?
4. Cūr cōnsulēs et quaestōrēs et aliōs magistrātūs reī pūblicae nōn habuērunt?
5. Cūr erat facile hostēs premere?

XXXVII

1. In quālī locō erat exercitus reī pūblicae?
2. Quō modō sentiēbant mīlitēs?
3. Quid erat cōnsilium imperātōris?
4. Quid fēcit mīles?
5. Quid fēcērunt comitēs hōrum mīlitum?
6. Ubi nunc sunt fīliī hōrum hostium?

XXXVIII

1. Quālēs erant fēminae temporum antīquōrum?
2. Quālis erat vīta hārum fēminārum? (Multa nārrā.)
3. Nārrā fābulam dē utrāque fēminā quam Cornēlia maximē amābat.

XXXIX

1. Quae habuit vir in casā suā?
2. Quid dē sagittīs nārrāvit?
3. Quis secūrim habuerat?
4. Cūr vir gladium amāvit?
5. Cūr erat Cornēlia paene perterrita?

XL

1. Quid temporibus antīquīs equitēs faciēbant?
2. Quam diū pugnābat eques?
3. Nārrā dē vītā equitis quī īnsigne album in galeā gerēbat.
4. Quid Cornēlia memoriā maximē tenēbat?

LESSON VOCABULARIES

(Roman numerals denote classes of words as explained in Author's Foreword)

LESSON I

I et
   hic
   sum

II magnus
    nōn

III altus

IV bonus
    parvus

V puer
   pulcher

    quālis
    quoque
    valeō

VI fēmina

VII discipula
     discipulus
     magister
     magistra
     puella
     salvē

LESSON II

I (hīc)

III meus
    nunc
    sed
    tuus

IV ita
    -ne

V frāter
   māter
   soror

VI amō
    fīlia
    fīlius

LESSON III

III longus
    terra

IV fortūna
    novus
    patria
    via

V antīquus
   fāma
   īnsula

VII America
     (Austrālia)
     Britannia
     (Cuba)
     (Hibernia)
     Ītalia
     (Sicilia)

LESSON VOCABULARIES

LESSON IV

I in
III causa
  habeō
  quis
  quod
  ubi
  pater
IV ager
  intellegō
  laetus
  parō

VI cupiō
  cūr
  labōrō
  portō
VII agricola
  casa
  cēna
  epistula
  schola

LESSON V

III multus
  videō
  vir
  (bene)
IV vita
V amīcus
  saepe
  semper
VI aqua
  habitō
  interdum

  laudō
  nauta
  pecūnia
  perīculōsus
  poēta
  scrībō
VII Americānus
  Britannus
  (Hibernus)
  (Hispānus)
  incola
  (Italus)

LESSON VI

II ego
III agō
  dē
  dō
  ē, ex
  tū
V dōnum
  grātia
  ostendō

VI legō
  mōnstrō
  nārrō
  spectō
VII fābula
  pictūra

LESSON VOCABULARIES

LESSON VII

- III cum
- IV silva
- V aperiō
  clārus
  ibi
- VI cārus
  claudō

- cūrō
  grātus
  iānua
- VII ambulō
  benignus
  fenestra
  rosa

LESSON VIII

- II ad
- III noster
- V exspectō

- VI discō
  lingua
  properō
- VII Latīnus

LESSON IX

- III nox
  (noctū)
- IV sōlus
- V miser

- VI aeger
  lūna
  obscūrus
  stella
  tardus
- VII medicus

LESSON X

- III cum
- IV stō
- VI hodiē
  vesper

- VII herī
  impiger
  medicīna

LESSON XI

- III dīcō
- IV oppidum
  tegō
  (tēctum)
- V diū
  maneō

- praemium
  respondeō
- VI aestās
  validus
- VII saltō
  tabernāculum

LESSON VOCABULARIES

LESSON XII

- II suī
- III ūnus
- IV domus
  eō
  post
  vocō
- V malus
- VI hōra
  lacrimō
  maestus
  mox

LESSON XIII

- I quī
- III alius
  nūllus
  tum
- IV audiō
  capiō
  duo
  equus
  perīculum
- V frūmentum
  hiems
  timeō
- VI albus
  colloquium
  edō
  flōs
  quiēs
  quot
- VII hortus
  līlium
  stabulum

LESSON XIV

- II ā, ab
- III arma
  bellum
  castra
  cōnsilium
  mīles
- IV (tegō)
  tēlum
- V dux
  inquam
  lātus
  pugnō
- VI dēfessus
  galea
  gladius
  pīlum
  scūtum
- VII Rōmānus

LESSON XV

III faciō
    prīmus
IV medius
    nōmen
V caput
   dexter
   numquam
   tertius
   trēs

VI iaculum
    mēnsa
    niger
    quattuor
    sagitta
    secundus
    sinister
VII animal
    sagittārius

LESSON XVI

II omnis
   rēs
III ante
    locus
    manus
    per
    veniō
IV aliquis
    fortis
    (fortiter)
    (prope)

V tueor
  (tūtus)
VI aedificium
    arcus
    carrus
    currō
    invītō
    subitō
    trāns
VII māne

LESSON XVII

III cōpia
    diēs
    sī
    socius
IV auxilium
    (fortis)
    (parātus)
V dēbeō
   finitimus

    iterum
    morior
    posterior
    satis
VI moneō
    necesse
    rogō
VII crās

LESSON VOCABULARIES

LESSON XVIII

- III hostis
  - ille
  - neque
  - prō
  - quam
- IV accipiō
  - oculus
  - putō
  - sine
- V adsum
- VI caecus
  - ecce
  - necō
  - paene
  - posteā
  - timidus
  - vulnerō
- VII vīsitō

LESSON XIX

- I -que
- II inter
  - iubeō
- IV circum
  - flūmen
  - propter
- V absum
  - ācer
  - (ācriter)
  - occupō
  - postulō
- VI clāmō
  - dēsīderō
  - fluō
  - iaciō
  - īrātus
  - mūrus
  - vāstō
- VII Eurōpa
  - Gallia
  - Gallus
  - Rhēnus

LESSON XX

- I is
- III populus
  - tamen
- IV superō
  - (videor)
- V armō
  - (armātus)
  - audeō
  - itaque
  - undique
- VI iuvō
  - ōlim
  - oppugnō
  - probō
  - quamquam
  - ruīna
- VII avunculus
  - circumspectō
  - inimīcus
  - salūtō

LESSON VOCABULARIES

LESSON XXI

- III suus
- IV celer
  - (celeriter)
  - nam
- V barbarus
  - moveō

- sciō
- servō
- VI dēleō
  - expugnō
  - rūs
  - vinculum
- VII dormiō

LESSON XXII

- III (nox)
  - tempus
  - tōtus
- IV cēterī
  - facilis

- V errō
- VI incitō
  - servus
- VII bēstia
  - ferus

LESSON XXIII

- III animus
  - mittō
  - teneō
  - vester
- IV fuga
  - labor
- V dūrus
  - imperō
  - memoria

- paucī
- reperiō
- VI dominus
  - igitur
  - pāreō
  - saevus
  - statim
- VII lignum

LESSON XXIV

- III etiam
  - homō
  - urbs
- IV rēx
- V clāmor
  - coniciō

- heu
- līber
- tergum
- VI mora
  - convocō
- VII ānser

LESSON XXV

- III aut
  - nāvis
  - possum
  - relinquō
  - tam
- IV corpus
- V saxum

- VI aedificō
  - angustus
  - rīpa
  - sedeō
- VII natō
  - nāvicula

LESSON XXVI

- III iam
  - superus
  - (summus)
- IV caelum
- V lūx
  - nātūra

- VI appropinquō
  - arbor
  - avis
  - cibus
  - collis
  - excitō
  - nūbēs
  - sileō

LESSON XXVII

- III sīc
- IV proelium
  - signum
- V nōscō
  - (nōtus)
  - sentiō

- VI cēlō
  - laetitia
  - rapiō
  - ubīque
- VII figūra
  - splendidus

LESSON XXVIII

- I (hūc)
- IV cīvis
  - cōnstituō
  - gēns
  - portus
- V deinde
  - tandem

- VI īnsigne
  - ōrnō
  - perterreō
- VII Gallicus
  - ignāvus
  - nāvigium

LESSON XXIX

- III exercitus
  - fīnis
  - pars
- IV agmen
  - iter
  - moenia
- V impetus
  - nūntius
  - porta
  - vāllum
- VII prōspecto
  - vigil

LESSON XXX

- III deus
  - ipse
  - virtūs
- IV mōns
- V appellō
- VI idōneus
  - praeda
  - ulterior
- VII Etrūscus
  - Rōma

LESSON XXXI

- III īdem
  - legiō
  - reliquus
- IV dūcō
  - imperātor
  - mīlle
  - pōnō
  - sub
- V circiter
  - nēmō
  - vincō
- VI dīvidō
  - nix
- VII inīquus

LESSON XXXII

- III cīvitās
  - lēgō
  - (lēgātus)
- IV gravis
  - (graviter)
  - interficiō
- V centum
  - comes
  - quīdam
- VI centuriō
  - corōna
  - excipiō
  - liber
  - prōcēdō

LESSON VOCABULARIES

LESSON XXXIII

- III ferō
  - gerō
  - volō
  - (maximē)
- IV enim
  - (gravis)

- V dēfendō
  - discēdō
- VI difficilis
  - expellō
  - hasta
  - latrō

LESSON XXXIV

- II atque
  - ut
- III tantus
- IV mare
- V mūniō
  - pāx

- pēs
- somnus
- umbra
- VI iaceō
  - sonitus
- VII grāmen

LESSON XXXV

- III imperium
  - petō
  - pūblicus
- IV cōnsul
  - nisi
- V premō

- VI fēlīx
  - magistrātus
  - neglegō
  - officium
  - quaestor
  - regō
  - umquam

LESSON XXXVI

- IV alter
  - annus
  - autem
  - cognōscō
  - numerus
  - salūs
- V uterque

- VI castellum
  - explōrātor
  - intrā
  - lateō
  - pōns
  - repellō
  - septem

LESSON VOCABULARIES

LESSON XXXVII

- III modus
- IV at
  nihil
  quantus
  trānseō
  vīs
  vōx
- V perveniō
  spērō
  victōria
- VI exsul
  quandō
  sapiēns
  sinō

LESSON XXXVIII

- IV coepī
  conveniō
- V vertō
- VI cōnspectus
  nōbilis
- occīdō
  redeō
  sērus
  usque

LESSON XXXIX

- IV apud
  genus
- V intereā
  pellō
- VI caedō
  dispōnō
- frangō
  nōlō
  restituō
  secūris
  succēdō
  sūmō
  vigilia

LESSON XL

- IV eques
  honor
  ignis
  recipiō
  rēgnum
- V an
  incipiō
  iniūria
- VI circumveniō
  exeō
  fugiō
  uter

LATIN-ENGLISH VOCABULARY

(For adjectives and some pronouns the forms of the three genders are indicated; for nouns and personal pronouns, the forms of the nominative and genitive cases; for verbs, the principal parts. For other words the part of speech is named.)

A

ā *prep.* away from, by, variant of ab
ab *prep.* away from, by
absum, abesse, āfuī, āfutūrus be away
accipiō, accipere, accēpī, acceptum receive
ācer, ācris, ācre keen, sharp
ācriter *adv.* keenly, sharply
ad *prep.* to, toward
adsum, adesse, adfuī, adfutūrus be present
aedificium, -ī *n.* building
aedificō, -āre, -āvī, -ātum build
aeger, aegra, aegrum sick
aestās, aestātis *f.* summer
ager, agrī *m.* field
agmen, agminis *n.* line of march
agō, agere, ēgī, āctum drive; do; say; spend (time)
agricola, -ae *m.* farmer
albus, -a, -um white
aliquis, aliquid someone, something
alius, alia, aliud another, other
alter, altera, alterum the other (of two); alter .... alter the one .... the other
altus, -a, -um high, deep
ambulō, -āre, āvī, -ātum walk
America, -ae *f.* America
Americānus, -a, -um American
Americānus, -ī *m.* an American
amīcus, -ī *m.* friend
amō, amāre, amāvī, amātum love
Anglicus, -a, -um English

an *conj.* or (in a question)
angustus, -a, -um narrow
animal, animālis *n.* animal
animus, -ī *m.* mind
annus, -ī *m.* year
ānser, ānseris *m.* goose
ante *prep.* before, in front of
antīquus, antīqua, antīquum ancient
aperiō, aperīre, aperuī, apertum open
appellō, -āre, -āvī, -ātum call
appropinquō, -āre, -āvī, -ātum approach
apud *prep.* among; at the house of
aqua, -ae *f.* water
arbor, arboris *f.* tree
arcus, -ūs *m.* bow
arma, armōrum *n. pl.* arms (weapons)
armātus, -a, -um armed
at *conj.* but
atque *conj.* and
audeō, audēre, ausus sum dare
audiō, -īre, -īvī, -ītum hear
aut *conj.* or; aut .... aut either .. .. or
autem *conj.* moreover
auxilium, -ī *n.* aid, help
avis, avis *f.* bird
avunculus, -ī *m.* uncle (maternal)

B

barbarus, -ī *m.* foreigner; barbarian
bellum, -ī *n.* war
bene *adv.* well
benignus, -a, -um kind
bēstia, -ae *f.* beast

LATIN-ENGLISH VOCABULARY

bonus, -a, -um good
Britannia, -ae *f*. Great Britain
Britannicus, -a, -um English
Britannus, -ī *m*. an Englishman

C

caecus, -a, -um blind
caedō, -ere, cecīdī, caesum cut, kill
caelum, -ī *n*. sky
capiō, capere, cepī, captum take
caput, capitis *n*. head
carrus, -ī *m*. wagon, cart
cārus, -a, -um dear
casa, -ae *f*. cottage
castellum, -ī *n*. fort
castra, castrōrum *n. pl*. camp
causa, -ae *f*. cause, reason
celer, celeris, celere swift
celeriter *adv*. swiftly, quickly
cēlō, -āre, -āvī, -ātum conceal
cēna, -ae *f*. dinner
centum a hundred
centuriō, centuriōnis *m*. centurion
cēterī, -ae, -a the rest of
cibus, -ī *m*. food
circiter *adv*. about
circum *prep*. around
circumspectō, -āre, -āvī, -ātum look around
circumveniō, -īre, -vēnī, -ventum come around, surround
cīvis, cīvis *m*. citizen, fellow-citizen
cīvitās, cīvitātis *f*. state
clāmō, -āre, -āvī, -ātum shout
clāmor, clāmōris *m*. shout, outcry
clārus, -a, -um clear, famous
claudō, -ere, clausī, clausum close
coepī, coepisse, coeptum began
cognōscō, -ere, cognōvī, cognitum become acquainted with, learn
collis, collis *m*. hill
colloquium, -ī *n*. conversation
comes, comitis *m*. comrade, companion
coniciō, conicere, coniēcī, coniectum hurl
consilium, -ī *n*. plan, advice
conspectus, -ūs *m*. view, sight
cōnstituō, -ere, cōnstituī, cōnstitūtum decide, establish
cōnsul, cōnsulis *m*. consul
conveniō, -īre, convēnī, conventum come together, meet
convocō, -āre, -āvī, -ātum call together
cōpia, -ae *f*. supply; *pl*. troops
corōna, -ae *f*. wreath
corpus, corporis *n*. body
crās *adv*. tomorrow
cum *conj*. when
cum *prep*. with
cupiō, cupere, cupīvī, cupītum desire
cūr *adv*. why?
cūrō, -āre, -āvī, -ātum take care of, care for
currō, currere, cucurrī, cursum run

D

dē *prep*. down from, concerning
dēbeō, dēbēre, dēbuī, dēbitum owe, ought
dēfendō, -ere, dēfendī, dēfēnsum defend
dēfessus, -a, -um tired
deinde *adv*. then, next
dēleō, -ēre, -ēvī, -ētum destroy
dēsīderō, -āre, -āvī, -ātum long for, desire greatly
deus, -ī *m*. god
dexter, dextra, dextrum right
dīcō, dīcere, dīxī, dictum say
diēs, diēī *m*. day
difficilis, -e difficult
discēdō, -ere, discessī, discessum go away, depart
discipula, -ae *f*. pupil (girl)
discipulus, -ī *m*. pupil (boy)
discō, discere, didicī learn

LATIN-ENGLISH VOCABULARY

dispōnō, -ere, disposuī, dispositum place at intervals
diū *adv.* for a long time
dīvidō, -ere, dīvīsī, dīvīsum divide
dō, dāre, dedī, datum give
dominus, -ī *m.* master
domus, -ūs *f.* home, house
dōnum, -ī *n.* gift
dormiō, -īre, -īvī, -ītum sleep
dūcō, -ere, dūxī, ductum lead
duo, duae, duo two
dūrus, -a, -um hard
dux, ducis *m.* leader

E

ē or ex *prep.* out from
ecce *interj.* look! see! behold!
edō, ēsse, ēdī, ēsum eat
ego, meī, I
enim *conj.* for
eō, īre, īvī, (or iī), itum go
epistula, -ae *f.* letter
eques, equitis *m.* horseman, knight
equus, equī *m.* horse
errō, -āre, -āvī, -ātum wander
et *conj.* and
etiam *adv.* even; also
Etrūscus, -ī *m.* an Etruscan
Eurōpa, -ae *f.* Europe
ex *prep.* out from
excipiō, -ere, excēpī, exceptum take out; relieve; receive
excitō, -āre, -āvī, -ātum wake up, rouse, excite
exeō, -īre, -īvī, (or -iī), -itum go out
exercitus, -ūs *m.* army
expellō, -ere, expulī, expulsum drive out
explōrātor, explōrātōris *m.* scout
expugnō, -āre, -āvī, -ātum take by storm, capture
exspectō, -āre, -āvī, -ātum wait for, expect
exsul, exsulis *m.* exile

F

fābula, -ae *f.* story
facilis, facile easy
faciō, facere, fēcī, factum make, do
fāma, -ae *f.* fame; rumor; reputation
fēlīx, fēlīcis happy; lucky
fēmina, -ae *f.* woman
fenestra, -ae *f.* window
ferō, ferre, tulī, lātum bring, bear
ferus, -a, -um wild
figūra, -ae *f.* form, shape
fīlia, -ae *f.* daughter
fīlius, -ī *m.* son
fīnis, fīnis *m.* end; *pl.* territory
fīnitimus, -a, -um neighboring
fīnitimus, -ī *m.* a neighbor
fīō, fierī, factus sum be made, be done, happen, become
flōs, flōris *m.* flower
flūmen, flūminis *n.* river
fluō, fluere, flūxī flow
fortis, forte brave; strong
fortiter *adv.* bravely
fortūna, -ae *f.* fortune
frangō, frangere, frēgī, frāctum break
frāter, frātris *m.* brother
frūmentum, -ī *n.* grain
fuga, -ae *f.* flight (in fugam dare to put to flight)
fugiō, -ere, fūgī, fugitūrus flee

G

galea, -ae *f.* helmet
Gallia, -ae *f.* Gaul
Gallicus, -a, -um Gallic
Gallus, -ī *m.* a Gaul
gēns, gentis *f.* tribe
genus, generis *n.* birth, origin; kind
gerō, -ere, gessī, gestum carry; manage, wage (war)
gladius, -ī *m.* sword
grāmen, grāminis *n.* grass

LATIN-ENGLISH VOCABULARY 73

grātia, -ae *f.* thanks; gratitude; favor
grātus, -a, -um pleasing
gravis, grave heavy, earnest
graviter *adv.* heavily, severely

H

habeō, habēre, habuī, habitum have
habitō, -āre, -āvī, -ātum live
hasta, -ae *f.* spear
herī *adv.* yesterday
heu *interj.* alas!
hīc *adv.* here
hic, haec, hoc this
hiems, hiemis *f.* winter
hodiē *adv.* today
homō, hominis *m.* man
honor, honōris *m.* honor
hōra, -ae *f.* hour
hortus, -ī *m.* garden
hostis, hostis *m.* enemy
hūc *adv.* to this place

I

iaceō, -ēre, iacuī lie
iaciō, iacere, iēcī, iactum throw
iaculum, -ī *n.* javelin
iam *adv.* now, already
iānua, -ae *f.* door
ibī *adv.* there
īdem, eadem, idem the same
idōneus, -a, -um suitable
igitur *conj.* therefore
ignāvus, -a, -um cowardly
ignis, ignis *m.* fire
ille, illa, illud that
imperātor, imperātōris *m.* general, commander
imperium, -ī *n.* command, power, control
imperō, -āre, -āvī, -ātum command
impetus, -ūs *m.* attack, charge
impiger, impigra, impigrum active, industrious

in *prep.* in, on (*abl.*); into (*acc.*)
incipiō, -ere, incēpī, inceptum begin
incitō, -āre, -āvī, -ātum rouse, stir up
incola, -ae *m.* an inhabitant
inimīcus, -a, -um unfriendly, hostile
inimīcus, -ī *m.* enemy
inīquus, -a, -um uneven, unfair
iniūria, -ae *f.* injury; wrong, offense
inquam, inquit *defective verb* I say, he says/said
īnsigne, īnsignis *n.* badge, decoration
īnsula, -ae *f.* island
intellegō, intellegere, intellēxī, intellēctum understand
inter *prep.* between, among
interdum *adv.* sometimes
intereā *adv.* meanwhile
interficiō, -ere, interfēcī, interfectum kill
intrā *prep.* within
invītō, -āre, -āvī, -ātum invite
ipse, ipsa, ipsum himself, herself, itself
īrātus, -a, -um angry
is, ea, id this; that; he, she, it
ita *adv.* thus, so
itaque *conj.* therefore
iter, itineris *n.* journey, march
iterum *adv.* again
iubeō, iubēre, iussī, iussum order
iuvō, iuvāre, iūvī, iūtum help, aid

L

labor, labōris *m.* labor, toil
labōrō, labōrāre, labōrāvī, labōrātum work
lacrimō, -āre, -āvī, -ātum cry
laetitia, -ae *f.* happiness
laetus, -a, -um happy
lateō, -ēre, latuī lie hidden
Latīnus, -a, -um Latin
latrō, latrōnis *m.* robber
lātus, -a, -um wide

laudō, -āre, -āvī, -ātum praise
legātus, -ī m. lieutenant, ambassador
legiō, legiōnis f. legion
legō, legere, lēgī, lēctum gather; read; choose
līber, lībera, līberum free
liber, librī m. book
liberī, liberōrum m. pl. children
lignum, -ī n. wood
līlium, -ī n. lily
lingua, -ae f. tongue; language
locus, -ī m.; pl. loca, locōrum n. place
longē adv. far (away)
longus, -a, -um long
lūna, -ae f. moon
lūx, lūcis f. light

M

maestus, -a, -um sad
magister, -trī m. teacher (man)
magistra, -ae f. teacher (woman)
magistrātus, -ūs m. public office; public official
magnus, -a, -um great, large
malus, -a, -um bad
māne adv. in the morning
maneō, manēre, mānsī, mānsum stay, remain
manus, -ūs f. hand; band (of soldiers)
mare, maris n. sea
māter, mātris f. mother
maximē adv. especially
medicīna, -ae f. remedy; medicine
medicus, -ī m. physician
medius, -a, -um middle, middle of
memoria, -ae f. memory
mēnsa, -ae f. table
meus, -a, -um my, mine
mīles, mīlitis m. soldier
mīlle indeclinable a thousand; pl. mīlia, mīlium
minimē adv. by no means

miser, misera, miserum miserable
mittō, mittere, mīsī, missum send
modus, -ī m. manner, kind
moenia, moenium n. pl. walls, fortifications
moneō, monēre, monuī, monitum warn; advise
mons, montis m. mountain
monstrō, -āre, -āvī, -ātum point out
mora, -ae f. delay
morior, morī or morīrī, mortuus sum die
moveō, movēre, mōvī, mōtum move
mox adv. soon
multus, -a, -um much; pl. many
mūniō, -īre, -īvī, -ītum fortify
mūrus, -ī m. wall

N

nam conj. for
nārrō, -āre, -āvī, -ātum relate, tell
natō, -āre, -āvī, -ātum swim
nātūra, -ae f. nature
nauta, -ae m. sailor
nāvicula, -ae f. boat
nāvigium, -ī n. boat
nāvis, nāvis f. ship
-ne an enclitic (a short word always attached to the end of another word) that signifies a question
necesse necessary
necō, -āre, -āvī, -ātum kill
neglegō, -ere, neglēxī, neglēctum neglect
nēmō, nēminī (dat.), nēminem (acc.) m. no one
neque conj. and .... not, nor; neque .... neque neither .... nor
niger, nigra, nigrum black
nihil nothing
nisi conj. if not, unless
nix, nivis f. snow
nōbilis, -e well known, noble, distinguished
noctū at night

LATIN-ENGLISH VOCABULARY

nōlō, nōlle, noluī be unwilling
nōmen, nōminis *n.* name
nōn *adv.* not
nōscō, -ere, nōvī, nōtum know
noster, nostra, nostrum our, ours
notō, -āre, -āvī, -ātum mark, note, observe
nōtus, -a, -um known, famous
novus, -a, -um new
nox, noctis *f.* night
nūbēs, nūbis *f.* cloud
nūllus, -a, -um no, none
numerus, -ī *m.* number
numquam *adv.* never
nunc *adv.* now
nūntius, -ī *m.* messenger; message

O

obscūrus, -a, -um dark, obscure
occīdō, -ere, occīdī, occīsum cut down, kill
occupō, -āre, -āvī, -ātum seize
oculus, -ī *m.* eye
officium, -ī *n.* duty, office
ōlim *adv.* at that time; once upon a time
omnis, omne all, every
oppidum, -ī *n.* town
oppugnō, -āre, -āvī, -ātum attack
ornō, -āre, -āvī, -ātum adorn
ostendō, -ere, ostendī, ostentum show

P

paene *adv.* almost
parātus, -a, -um prepared, ready
pāreō, -ēre, paruī obey
parō, parāre, parāvī, parātum prepare
pars, partis *f.* part
parvus, -a, -um small
pater, patris *m.* father
patria, -ae *f.* fatherland
paucī, -ae, -a few, a few
pāx, pācis *f.* peace

pecūnia, -ae *f.* money
pellō, -ere, pepulī, pulsum drive
per *prep.* through
perīculōsus, -a, -um dangerous
perīculum, -ī *n.* danger
perterreō, -ēre, -uī, -itum terrify thoroughly
perveniō, -īre, pervēnī, perventum come through, arrive
pēs, pedis *m.* foot
petō, -ere, -īvī, -ītum seek
pictūra, -ae *f.* picture
pīlum, -i *n.* javelin
poēta, -ae *m.* poet
pōnō, -ere, posuī, positum place, put, pitch (castra)
pōns, pontis *m.* bridge
populus, -ī *m.* a people.
porta, -ae *f.* gate
portō, -āre, -āvī, -ātum carry
portus, -ūs *m.* harbor
possum, posse, potuī be able
post *prep.* after, behind
posteā *adv.* afterward
posterus, -a, -um next, later
postulō, -āre, -āvī, -ātum demand
praeda, -ae *f.* booty
praemium, -ī *n.* reward
premō, -ere, pressī, pressum press, press hard
prīmus, -a, -um first
prō *prep.* in front of, in behalf of
probō, -āre, -āvī, -ātum prove; approve
prōcedō, -ere, prōcessī, prōcessum go forward
proelium, -ī *n.* battle
prope *prep.* near
properō, -āre, -āvī, -ātum hasten
propter *prep.* on account of, because of
prospectō, -āre, -āvī, -ātum look forth
pūblicus, -a, -um public
puella, -ae *f.* girl

puer, -ī m. boy
pugnō, -āre, -āvī, -ātum fight
pulcher, pulchra, pulchrum beautiful
putō, -āre, -āvī, -ātum think

Q

quaestor, quaestōris m. quaestor, treasurer
quālis, quāle of what sort?
quam conj. how! as; than
quamquam conj. although
quandō adv. and conj. when? when; since
quantus, -a, -um how great
quattuor four
-que conj. and (enclitic like -ne)
quī, quae, quod who, which, that
quīdam, quaedam, quoddam a certain
quiēs, quiētis f. rest, quiet, sleep
quis, quid who? what?
quod conj. because
quoque adv. also
quot indeclinable how many?

R

rapiō, -ere, rapuī, raptum seize
recipiō, -ere, recēpī, receptum take back, receive
redeō, -īre, -īvī, (or -iī), -itum go back, return
rēgnum, -ī n. kingship; kingdom
regō, -ere, rēxī, rēctum rule
relinquō, -ere, relīquī, relictum leave, abandon
reliquus, -a, -um remaining, rest of
repellō, -ere, reppulī, repulsum drive back
reperiō, -īre, repperī, repertum find
reportō, -āre, -āvī, -ātum bring back, win (victōriam)
rēs, reī f. thing
respondeō, respondēre, respondī, respōnsum reply

restituō, -ere, restituī, restitūtum restore
rēx, rēgis m. king
Rhēnus, -ī m. the Rhine
rīpa, -ae f. bank (of river)
rogō, -āre, -āvī, -ātum ask
Rōma, -ae f. Rome
Rōmānus, -a, -um Roman
rosa, -ae f. rose
ruīna, -ae f. downfall, collapse, ruin
rūs, rūris n. country

S

saepe adv. often
saevus, -a, -um fierce, savage
sagitta, -ae f. arrow
sagittārius, -ī m. archer
saltō, -āre, -āvī, -ātum dance
salūs, salūtis f. safety
salūtō, -āre, -āvī, -ātum greet, salute
salvē (sing.), salvēte (pl.) hail
sapiēns, sapientis wise
satis enough
saxum, -ī n. rock
schola, -ae f. school
sciō, scīre, scīvī, scītum know
scrībō, scrībere, scrīpsī, scrīptum write
scūtum, -ī n. shield
secundus, -a, -um second
secūris, -is f. ax
sed conj. but
sedeō, sedēre, sēdī, sessum sit
semper adv. always
sentiō, -īre, sēnsī, sēnsum feel
septem seven
sērō adv. late; too late
sērus, -a, -um late
servō, -āre, -āvī, -ātum save; protect
servus, -ī m. slave, servant
sī conj. if
sīc adv. so
signum, -ī n. sign, signal, standard
sileō, silēre, siluī be silent

silva, -ae f. woods, forest
sine prep. without
sinister, sinistra, sinistrum left
sinō, -ere, sīvī (or siī), situm allow, permit
socius, -ī m. ally
sōlus, -a, -um alone, only
somnus, -ī m. sleep
sonitus, -ūs m. sound
soror, sorōris f. sister
spectō, -āre, -āvī, -ātum look at
spērō, -āre, -āvī, -ātum hope
splendidus, -a, -um shining
stabulum, -ī n. stall, stable
statim adv. immediately
stella, -ae f. star
stō, stāre, stetī, statum stand
sub prep. under, from under, up to
subitō adv. suddenly
succēdō, -ere, successī, successum go up to, come next, succeed
suī (gen.) of himself, of herself, of itself; of themselves
sum, esse, fuī, futūrus be
summus, -a, -um highest; top of
sūmō, -ere, sūmpsī, sūmptum take up, take
superō, -āre, -āvī, -ātum overcome
superus, -a, -um above, upper
suus, -a, -um his (own), her (own), its (own), their (own)

T

tabernāculum, -ī n. tent
tam adv. so
tamen conj. however, nevertheless
tandem adv. at last
tantus, -a, -um so great
tardus, -a, -um slow, lingering
tectum, -ī n. house
tegō, tegere, tēxī, tēctum cover
tēlum, -ī n. weapon
tempus, temporis n. time
teneō, tenere, tenuī, tentum hold

tergum, -ī n. back
terra, -ae f. land
tertius, -a, -um third
Tiberis, -is m. Tiber
timeō, -ēre, timuī fear
timidus, -a, -um fearful, timid
tōtus, -a, -um whole
trāns prep. across
trānseō, -īre, -īvī, (or -iī), -itum go across
trēs, tria three
tū, tuī you
tum adv. then
tūtus, -a, -um safe
tuus, - a, -um your, yours

U

ubi adv. where?
ubi conj. when, where
ubīque adv. everywhere
ulterior, ulterius farther
umbra, -ae f. shade
umquam adv. ever
undique adv. from all sides; on all sides
ūnus, -a, -um one
urbs, urbis f. city
usque adv. all the way, up to
ut conj. as, when
uter, utra, utrum which (of two)?
uterque, utraque, utrumque each (of two)

V

valeō, valēre, valuī, valitūrus be strong; valē, valēte farewell
validus, -a, -um strong
vāllum, -ī n. earthworks
vāstō, -āre, -āvī, -ātum lay waste
veniō, venīre, vēnī, ventum come
vertō, -ere, vertī, versum turn
vesper, vesperī m. evening
vester, vestra, vestrum your, yours (referring to more than one person)
via, -ae f. road

victōria, -ae *f.* victory
videō, vidēre, vīdī, vīsum see; *pass.* seem
vigil, vigilis *m.* watchman
vigilia, -ae *f.* watch
vincō, -ere, vīcī, victum conquer
vinculum, -ī *n.* bond, chain
vir, virī *m.* man
virtūs, virtūtis *f.* manliness, courage
vīs, vīs *f.* force, strength, energy
vīsitō, -āre, -āvī, -ātum visit
vita, -ae *f.* life
vocō, -āre, -āvī, -ātum call
volō, velle, voluī wish
vōx, vōcis *f.* voice
vulnerō, -āre, -āvī, -ātum wound

www.ingramcontent.com/pod-product-compliance
Lightning Source LLC
Chambersburg PA
CBHW021157080526
44588CB00008B/384